Celia Nentwig / Hella Henckel



# Meine neuen Wildpflanzen-Rezepte

mit vielen Deko-Ideen

Mit freundlicher Unterstützung von Villeroy & Boch 1748

BLOOM's by Ulmer

**Herausgeber**
BLOOM's GmbH, Ratingen (D)
www.blooms.de

**Idee + Konzeption**
Hella Henckel, Celia Nentwig

**Redaktion + Text**
Hella Henckel

**Rezepte + Kochen**
Celia Nentwig

**Floral Design**
Renate Haller, Hella Henckel, Celia Nentwig

**Grafik Design**
Daniela Redlich, Katrin Schirmer, Nina Schreiber

**DTP**
Gordian Jenal

**Herstellung**
Himmer, Augsburg (D)



**Fotos**
Michael Nentwig, Celia Nentwig

Titel: jala/ photocase.de (1)
20: Initiative Oberhagen (1)
20: botanikus.de (1)
46: dziewul/ fotolia.de (1)
46: © Pitiopia, Wolfgang Berroth, 2012 (1)
74: Orlio/ shutterstock.de (1)


Am Potekamp 6
D-40885 Ratingen
T +49 2102 9644-0
F +49 2102 8960730
www.blooms.de
info@blooms.de

2. Auflage 2014
**ISBN 978-3-8001-8090-5**

Inhalt



**Falls nicht anders vermerkt, sind alle Rezepte für 4 Personen berechnet**

# Aus der Natur auf den Tisch

Das hat uns selbst überrascht, welch große Resonanz unser erstes Buchprojekt zum Thema „Wildpflanzen – Köstliche Rezepte, essbare Dekorationen und Geschenkideen" erbracht hat! Schnell wurde klar: Wir machen weiter! Denn nicht nur uns, sondern auch Ihnen als Fan der Wildpflanzenküche hat das erste Buch viel Spaß gemacht. So legen wir nun den zweiten Teil vor mit all den geliebten Rezepten und Deko-Ideen, die wir Ihnen noch gerne zeigen wollen.
Neben vielen Gerichten, die auf krautigen Pflanzen basieren, sowie einigen Frucht orientierten Themen, haben wir dieses Mal auch den essbaren Blüten ein eigenes Kapitel gewidmet. Blüten sind neben ihrer kulinarischen Bereicherung der Wildpflanzenküche in jedem Fall auch eine optische Vollendung naturnahen Genießens. In nahezu jeder Sterneküche sind sie anzutreffen. Doch entdecken Sie selbst, dass in diesen Aromawundern noch eine ganze Menge mehr steckt, als nur ihr dekorativer Aspekt!
Wie bereits beim ersten Buch haben wir uns auf einfache und dennoch schmackhafte Rezepte beschränkt. Alle Rezepte sind original für dieses Buch erprobt und liebevoll gekocht, so dass ein Nachkochen einfach gelingen mag. Erleben auch Sie die Freude am Sammeln und Genießen, sowie die inspirierende Zeit der Zubereitung.

Und wie immer haben wir die Bitte, folgende Regeln einzuhalten:

- Sammeln Sie nur so viele Pflanzen in der freien Natur, wie Sie für den eigenen Bedarf benötigen.
- Ernten Sie einen Fundort nie vollständig ab, um das Fortbestehen der Pflanzen sicherzustellen.
- Und beernten Sie eine einzelne Pflanze nie komplett, siehe dazu auch unser Kapitel Fichtenspitzen.

Wenn wir dieses beherzigen, werden auch Generationen nach uns noch Freude an unserer Natur haben und sie in vollem Umfange genießen können.

Wir wünschen Ihnen viel Freude beim Nachkochen unserer Rezeptideen und gutes Gelingen bei den Dekorationsanregungen.

Celia Nentwig und Hella Henckel

1

2

3

4

# Kleiner Wiesenknopf

Kleiner Wiesenknopf, Rosengewächse
***Sanguisorba minor,*** *Rosaceae*

Der Kleine Wiesenknopf ist zarter und aromatischer als sein großer Verwandter, der Große Wiesenknopf (*Sanguisorba officinalis*). Manch einer kennt ihn auch als „Pimpinelle" aus Omas Kräutergarten, wo die buschige Staude als dekorative Pflanze oft als Weg- oder Beeteinfassung zu finden ist.

## Generell

**Pflanze:** mehrjährig, einhäusig, ca. 40 cm hoch werdend. **Blätter:** anfangs helle, später dunkelgrüne, rundlich bis eiförmige, gezähnte 1 cm große Blättchen, die unpaarig gefiederte Blätter bilden. **Blütenstand:** rundlich bis zylindrisch, ca. 0,8 cm groß und rötlich bis purpurfarben, endständig von Mai bis August auf 40 bis 80 cm hohen, leicht verzweigten Stängeln. **Früchte:** kleine Samen im August/September, die sich gut aussäen lassen oder sich selber aussäen. **Verbreitung:** auf Feuchtwiesen an sonnigen bis halbschattigen Standorten.

## Verwendung und Geschmack

Vor allem die zarten, jungen **Blätter** sind von April bis August eine delikate Kräuterwürze. Ihr aromatischer, nussiger bis gurkenähnlicher Geschmack bereichert die Wildkräuterküche. Bevorzugt sollte der Kleine Wiesenknopf roh verwendet und nicht mitgekocht werden. Fein gehackt, kann man ihn in Kräuterbutter, Soßen, Dipps und Brotaufstrichen verwenden oder über Gemüse und Suppen streuen. Er darf auf keinen Fall in der „Frankfurter Grünen Soße" fehlen. Die **Blüten** sind gleicherweise verwendbar. Mit ihnen lassen sich Salate auch farbig akzentuieren.

## Sammelort und Erkennungsmerkmale

Vor allem auf nährstoffreichen, feuchten Wiesen ist der Kleine Wiesenknopf bereits im frühen Frühjahr bis in den Sommer hinein zu finden. Bestes Erkennungsmerkmal sind seine attraktiven Blätter mit den gezähnten Fiederblättchen, später die hoch aufragenden rundlichen roten Blütenstände. Die gesamte Pflanze ist essbar, wobei die hellgrünen Blätter im Zentrum der buschigen Staude am schmackhaftesten und zartesten sind. Verwechseln könnte man die Pflanze aus der Familie der Rosengewächse mit dem Großen Wiesenknopf *(Sanguisorba officinalis)*, der ebenfalls essbar, aber weniger aromatisch und zäher ist, oder der Kleinen Bibernelle *(Pimpinella saxifraga)*, einem Doldengewächs, das ebenfalls auf Wiesen zu finden und essbar ist, aber nicht den charakteristischen Gurkengeschmack aufweist.

1 Der rötliche bis purpurne, rundliche Blütenstand mit oben weiblichen, mittig zwittrigen und unten männlichen Blütchen verleiht Wildkräutersalaten nicht nur Geschmack sondern auch Farbe.

2 Im Frühjahr sind die unpaarig gefiederten Blätter mit den rundlichen, gezähnten Blättchen gut auszumachen.

3 Oft klappen die Triebe ihre Fiederblättchen kurz nach dem Ernten bereits zusammen, was auf ihren Geschmack aber keinen Einfluss hat.

4 Der Kleine Wiesenknopf in Vergesellschaftung mit anderen Wiesenpflanzen.

# Wilde „Frankfurter Grüne Soße“

Ein klassisches Rezept, das ich in vielfältiger Weise abwandle und was in der Genussküche in unterschiedlichster Kombination einsetzbar ist!

## Zutaten

50 g Joghurt • 250 g Frischkäse • Saft von 1/2 Zitrone • 1 EL Honig • 2 hartgekochte Eier • Salz • 150 g gemischte Kräuter: Kleiner Wiesenknopf, Minze, Sauerampfer, wilder Schnittlauch, Bärlauch oder Knoblauchsrauke, Giersch, Löwenzahn, Gundermann, Schafgarbe, ...

## Zubereitung

2/3 der gewaschenen Kräuter und ein hartgekochtes Ei im Joghurt pürieren. Frischkäse unterrühren **bis eine cremige** Masse entsteht. Restliche Kräuter und das zweite hartgekochte Ei fein hacken und unterheben. Mit Zitronensaft, Honig und Salz abschmecken. Mit Blättern oder Blüten garnieren.

## Mein Tipp:

Passt super zu kräftigem Brot oder heißen Pellkartoffeln. Im Original wird die Soße mit gekochten Eiern serviert.

Wilde „Frankfurter Grüne Soße“

# Gefüllte Eier
## mit Wiesenknopf

Erinnern Sie sich noch an die Russischen Eier auf den Party-Buffets der 50er bis 70er Jahre? Ich finde, in der „wilden" Rezeptur sind sie wieder hitverdächtig!

### Zutaten

Blätter vom Kleinen Wiesenknopf • 4 Eier • 4 EL Frischkäse • 4 EL saure Sahne • 4 bis 6 Kapern • 1/2 kleine Zwiebel • Salz • Pfeffer

### Zubereitung

Eier hart kochen, abschrecken, pellen, halbieren und das Eigelb in eine Schüssel geben. Blättchen vom Kleinen Wiesenknopf sehr fein hacken, mit Eigelb, Frischkäse und saurer Sahne vermischen. Zwiebeln und Kapern sehr fein schneiden und dazu geben. Mit Salz und Pfeffer abschmecken. Die Masse in die Eihälften füllen und verzieren.

### Mein Tipp:

Je mehr Frischkäse Sie im Verhältnis zur sauren Sahne verwenden, um so fester wird die Füllung.

Gefüllte Eier mit Wiesenknopf

*Das Herrgotts-Kraut, ein wertvolles Kraut, dessen regelmäßiger Gebrauch den Körper bei bester Gesundheit hält.*

Nicholas Culpeter,
englischer Arzt und Apotheker (17. Jhdt.)

# Wiesenknopf-Blini
## mit Lachs und Sauerrahm

**Zutaten**

80 g Kleiner Wiesenknopf-Blätter • 2 Eier • 50 g Buchweizenmehl • 25 g Weizenmehl 550 • 2 TL Backpulver • 30 g flüssige Butter • 50 ml Milch • 1 Prise Salz • Bratenöl • 150 g Sauerrahm • geräucherter Lachs • zum Garnieren 2 EL gehackte Kräuter • frisch gemahlener schwarzer Pfeffer

**Zubereitung**

Kleinen Wiesenknopf waschen, trocken schütteln und in etwas Milch pürieren, mit Eier, Buchweizen- und Weizenmehl, Backpulver, Butter, Salz und der restlichen Milch zu einem glatten Teig verrühren. 30 Minuten ruhen lassen. In einer Pfanne das Öl erhitzen und bei mittlerer Hitze 8 kleine Blinis backen, warm halten. Die Blinis auf Tellern anrichten, mit aufgerollten Lachsscheiben, Sauerrahm, gehackten Kräutern und schwarzem Pfeffer garniert servieren.

Wiesenknopf-Blini
mit Lachs und Sauerrahm

# Quark-Kräuter-Brötchen

Bei meinem Mentor Jean-Marie Dumain habe ich Kräuterbrötchen, gebacken und serviert auf flachen Flusskieseln, kennen gelernt. Das hat mich so begeistert, dass ich dieses schnelle und leckere Brötchenrezept mit Backpulver kreiert habe.

### Zutaten

400 g Mehl • 100 g Haferflocken • 1 Päckchen Backpulver • 100 g Butter • 250 g Magerquark • 2 Eier • 1/2 TL Salz • 1 EL Honig • 5 El gehackte Kräuter nach Saison: Kleiner Wiesenknopf, Pfefferminze, Sauerampfer, Wiesenbärenklau, Giersch, Brennnessel,...

### Zubereitung

Butter mit Quark, Honig, Salz und Eiern verrühren. Mehl mit Haferflocken, Kräutern und Backpulver vermischen und alles zu einem glatten Teig verkneten. Aus dem Teig eine Rolle formen und in 16 Stücke teilen. Brötchen kreuzweise einschneiden, im vorgeheizten Backofen – Ober-Unterhitze 200°C oder Umluft 175°C – in 15 bis 20 Minuten goldbraun backen.

### Mein Tipp:

Für einen schnellen Picknick-Brötchen-Korb packe ich die Brötchen in eine große Stoffserviette und diese in eine Plastiktüte. Wenn ich dann den Rand der Plastiktüte herunterrolle und die vier Zipfel der Serviette herauszupfe, habe ich im Handumdrehen einen jederzeit und schnell einsetzbaren Brötchenkorb!

Quark-Kräuter-Brötchen

# Ostereier-Parade
## für die Frühlingstafel

Färben Sie ausgepustete sowie hartgekochte Eier in hellgrünem, hellblauem und hellviolettem Kaltfärbebad.
Verschließen Sie dann bei den ausgepusteten Eiern durch eintröpfelndes Wachs das untere Loch. Für den sicheren Paradestand stellen Sie alle Eier auf Birkenrindenringe. Dazu länglich abgeschälte Rinde zum Ring mit ca. 4 cm Durchmesser legen, im überlappenden Teil mit der Lochzange zwei Löcher einknipsen, Bast hindurchfädeln und verknoten. Nun die Eierväschen mit Wasser, dann mit Blüten und Kräutern füllen.

**Material**
Ca. 10 hartgekochte und 10 ausgepustete Eier • Eierfarbe zum Kaltfärben in Lindgrün, Hellblau, Hellviolett • 20 Birkenrindenstreifen ca. 15 x 3 cm groß • Bast • Lochzange • ca. 20 violette und weiße Stiefmütterchenblüten, 20 Stiele Kleiner Wiesenknopf, sowie Wiesenschaumkraut, Sauerampferblätter, Gundermannblüten o. ä.

**Mein Tipp:**
Ich verwende sowohl große (Gänse-) als auch kleinere (Hühner-)Eier. Das macht das Ganze abwechslungsreicher!

Ostereier-Parade
für die Frühlingstafel

# Moosschalen mit Schmetterlingen

Wer schon kleine Horste vom Kleinen Wiesenknopf im Garten hat, kann diese auch anstelle des Mooses in die Schale pflanzen. Ansonsten füllen Sie Moospolster ein, jeweils ein hartgekochtes, gefärbtes Osterei dazu und toppen diese Schalennester mit Papierschmetterlingen. Dazu mit der Stanze aus mittelfestem Karton in verschiedenen Weiß- bis Grüntönen Schmetterlinge ausstanzen und jeweils in drei Größen aufeinanderlegen. Mit dünnem Basteldraht so verzwirbeln, dass die beiden Enden Fühler bilden. Am entgegen gesetzten Ende weiteren Draht fixieren, diesen mehrmals um einen Holzlöffelstiel wickeln, das ergibt die beschwingte Leichtigkeit. Die Spirale dann wieder leicht entzerren und in die Moosbasis stecken.

**Material**

Flache Porzellan-Müslischalen o. ä. • Schmetterlingstanze (aus dem Bastelladen) • verschiedene mittelstarke Kartons in Weiß und dreierlei Grüntönen • dünnen Basteldraht • Holzlöffel • Moospolster und/oder Kleiner Wiesenknopfpflanzen • hartgekochte Eier

Moosschalen mit Schmetterlingen

1

2

3

4

# Waldmeister

Waldmeister, Rötegewächse

***Galium odoratum**, Rubiaceae*

Im Frühjahr liebe ich die noch lichten, sich hellgrün belaubenden Laub- und Buchenwälder ganz besonders. Denn dann ist hier auch der Waldmeister zu finden. Ein Kraut, das vor allem im getrockneten Zustand einen angenehmen süßlichen Duft nach Vanille und frischem Heu verströmt. Als Bestandteil der „Maibowle" ist der Waldmeister vielen Menschen ein Begriff. Doch er kann weitaus mehr!

## Generell

**Pflanze:** mehrjährige Staude, ca. 20 cm hoch werdend. **Blätter:** Einzelblättchen schmal, lanzettlich bis 4 cm lang; Blattquirle bestehend aus 8 bis 10 Blättchen, die wiederum im Abstand von mindestens 2 cm etagenförmig übereinander stehen. **Blüte:** von Mai bis Juni, vierblättrige, weiße, trichterförmige 3 bis 5 mm große Einzelblüten; Blütenstände schirmförmig, endständig am meist unverzweigten Spross. **Frucht:** ab Juni ca. 4 mm große und mit Stachelborsten besetzte Früchte. **Verbreitung:** in halbschattigen bis schattigen Lagen von Laub- und Buchenwäldern auf nährstoffreichem, humushaltigem Waldboden.

## Verwendung und Geschmack

Sammelzeit ist von April bis Juni, dann finden die jungen, noch nicht blühenden **Triebe** mit den oberen drei bis vier Blattquirlen in der Küche Verwendung. Je länger man die Pflanze welken lässt, um so intensiver wird ihr Aroma. Wenigstens zwei Stunden sollte die Pflanze welken, bevor man sie zum Aromatisieren von Getränken wie Tees oder Bowlen einsetzt. Auch Süßspeisen, basierend auf Milch oder Sahne, verleiht der Waldmeister sein intensives, vanilleähnliches Aroma. Das **blühende Kraut** bildet eine gute Basis für Kräuterweine. Nur zu viel sollte man vom Waldmeister nicht genießen, da das Cumarin Kopfschmerzen auslösen kann. **Getrocknete Büschel** von Waldmeister geben Kleiderschränken einen angenehmen Duft und dienen außerdem als Motten- und Insektenschutz.

## Sammelort und Erkennungsmerkmale

Der Waldmeister wächst am liebsten in Laub- und Buchenwäldern. Unterirdisch bildet der Waldmeister lange, flachliegende Wurzeln, aus denen die unverzweigten Triebe emporwachsen, so dass er meist flächendeckende Vorkommen bildet. Am besten erntet man ihn mit der Schere, um ihn nicht aus der Erde zu reißen. Die Blattfarbe hat immer einen Stich ins Gelbliche und beim Zerreiben der Blätter entwickelt sich nach kurzer Zeit das typische Waldmeister-Aroma. Verwechseln kann man den Waldmeister mit dem Wald-Labkraut (*Galium sylvaticum*). Dieses steht meist einzeln, wird erheblich größer und hat verzweigte Stängel. Seine Blätter sind mehr blaugrau und duften nicht nach Cumarin. Auch mit dem Wiesen-Labkraut (*Galium mollugo*), welches im Frühjahr aber auf Wiesen oder an Wegrändern steht, ist ein Verwechseln möglich. Dieses duftet aber nicht nach Cumarin, sondern leicht nach Erbse.

1 Im späten Mai entfaltet der Waldmeister die zarten, endständigen weißen Blütchen.

2 Ein Duftkraut! Der Waldmeister bezirzt aufgrund seines Vanillearomas.

3 Borstige Klettfrüchte bilden sich aus kleinen Blüten, die über Tiere schnell verbreitet werden.

4 In lichten Laub- und Buchenwäldern im frühen Frühjahr ist der Waldmeister zu finden. Meist bedeckt er hier größere Flächen mit seiner attraktiven Erscheinung.

# Waldmeister-Crème brûlée

Ein Dessert, das schon viele Liebhaber gefunden hat. Wenn ich es bereits am Vortag zubereite, karamellisiere ich den Zucker unmittelbar vor dem Servieren.

### Zutaten

30 g Waldmeisterstängel (ca. 30 bis 40 Stängel) • 100 ml Apfelsaft • 5 Eigelb • 300 ml Sahne • 40 g Puderzucker • Mark einer Vanilleschote • brauner Zucker zum Bestreuen • Erdbeeren, Himbeeren, Blaubeeren zur Dekoration

### Zubereitung

Die Waldmeisterstängel bündeln und mit einem Baumwollfaden zusammenbinden. Den Waldmeister etwas andrücken und in den leicht erwärmten Apfelsaft hängen. Die Stängelenden sollten aus dem Saft heraus schauen. Zwei bis drei Stunden ziehen lassen. Den Waldmeister herausnehmen, ausquetschen und den Apfelsaft auf ca. 30 ml Flüssigkeit einkochen. Ofen auf 100°C vorheizen. Eigelb, Sahne, Puderzucker, aromatisierten Apfelsaft und Vanillemark verquirlen und durch ein feines Sieb gießen, in feuerfeste Förmchen füllen und im Ofen etwa eine Stunde stocken lassen. Die Crème abkühlen lassen, dann mit braunem Zucker bestreuen und unter dem Grill karamellisieren. (Alternativ mit einem Gasbrenner karamellisieren.) Dazu die „Beerenauslese“ dekorieren.

### Mein Tipp:

Je welker der Waldmeister wird, desto mehr Aroma gibt er ab, deswegen nie die Stängelenden mit in die Flüssigkeit geben! Damit stoppt man den Welkungsprozess und die Aromaabgabe.

Waldmeister-Crème brûlée

# Waldmeister-Reisauflauf
## mit Rhabarber

Wer immer schon Omas Milchreis mochte, wird mit dieser besonders raffinierten Variante sich und andere begeistern können!

### Zutaten Waldmeister-Reis

250 g Arborioreis oder Milchreis • 200 ml Wasser • 700 ml Milch • 1 Sträußchen Waldmeister (ca. 30 Stängel angewelkt oder besser gefroren) • 1 Prise Salz

### Zutaten Rhabarber-Kompott

1 kg Rhabarber • 100 g Zucker • Saft einer 1/2 Zitrone • 100 ml Wasser

### Zutaten Topping

3 EL Mandelblättchen • Puderzucker • 60 g Butter

### Zubereitung

Waldmeister zusammenbinden, anquetschen und für 2 bis 3 Stunden in der Milch ziehen lassen, danach rausnehmen. Reis mit Wasser aufkochen, Waldmeistermilch dazu gießen, eine Prise Salz dazugeben und alles bei kleiner Hitze und gelegentlichem Umrühren in 45 Minuten zu einem Brei kochen.
50 g Zucker unter den Milchreis rühren. Die Hälfte des Milchreises in eine gebutterte Form geben.
Rhabarber schälen, in 1 cm lange Stücke schneiden, mit etwas Wasser und Zitronensaft sowie 50 g Zucker kurz aufkochen. Rhabarberkompott mit einem Schaumlöffel über die erste Milchreisschicht verteilen, darüber den restlichen Milchreis in die Form füllen. Im vorgeheizten Backofen bei 180°C 40 Minuten backen. Auflauf herausnehmen und die Temperatur auf 240°C erhöhen.
Auflauf mit Mandelblättchen und Puderzucker bestreuen, mit Butterflöckchen belegen und weitere 10 Minuten backen, bis die Oberfläche goldbraun wird.
Lauwarm servieren.

Waldmeister-Reisauflauf mit Rhabarber

# Waldmeister-Parfait
## mit Mohn-Pesto

Lediglich zur Dekoration behalte ich einige Stängel des frischen Waldmeisters zurück. Ansonsten gilt auch hier: Angewelkte Triebe sind viel aromatischer!

### Zutaten Parfait
15 Stängel Waldmeister • 5 EL Zucker • 150 g Sahne • 3 Eigelb • 1 kleine längliche Auflaufform (ca. 250 ml Inhalt)

### Zutaten Pesto
2 Orangen (unbehandelt) • 2 EL Orangenlikör • 4 EL Mohnsamen • 3 EL Zucker • Mark von 1/2 Vanilleschote • 2 EL Orangensaft

### Zubereitung
Waldmeister ein bis zwei Stunden anwelken lassen, mit 50 ml Wasser und dem Zucker zu einem Sirup kochen, durch ein Sieb abgießen und abkühlen lassen. Sahne steif schlagen. Eigelbe mit dem Waldmeistersirup in eine metallene runde Rührschüssel geben und über einem heißen Wasserbad so lange schlagen, bis die Masse schaumig ist. Dann im kalten Wasserbad kalt rühren. Sahne unterziehen und die Parfaitmasse in die mit Frischhaltefolie ausgelegte Form füllen. Abgedeckt für wenigstens 4 Stunden ins Gefrierfach stellen.
Für das Pesto eine Orange quer halbieren. Von einer Seite die Orangenfilets rausschneiden und mit dem Orangenlikör mischen, 30 Minuten ziehen lassen. Von der zweiten Orangenhälfte den Saft auspressen. Mohn mit Zucker und Vanille im Mörser fein mahlen. Orangenfilets mit dem Likör und Orangensaft unter die Mohnmasse rühren. Von der zweiten Orange die Schale restlos abschneiden und die Filets für die Garnitur rausschneiden. Das Parfait mit der Frischhaltefolie aus der Form nehmen, auswickeln, in Scheiben schneiden, auf Tellern anrichten und mit dem Mohn-Pesto und den Orangenfilets garniert servieren.

**Mein Tipp:**
Im Frühjahr Waldmeister sammeln, waschen, trocken schleudern und lose im Gefrierfach einfrieren. Gefrorene Waldmeisterstängel in eine Plastikdose geben und wieder ins Gefrierfach legen. So kann man sich für das ganze Jahr einen Vorrat anlegen. Durch das Einfrieren entfaltet sich das Aroma noch intensiver.

Waldmeister-Parfait mit Mohn-Pesto

# Waldmeister-Gelee

**Zutaten**

15 Stängel Waldmeister • 750 ml Apfelsaft • Saft 1 Zitrone • 500 g Gelierzucker 2:1

**Zubereitung**

Waldmeister anwelken lassen und über Nacht in den Apfelsaft hängen. Am nächsten Tag herausnehmen und ausdrücken. Zitronensaft dazu geben und mit dem Gelierzucker kochen. Heiß in Gläser füllen und gut verschließen.

# Waldmeister-Sirup

**Zutaten**

1 l Wasser • 750 g Zucker • 2 Zitronen unbehandelt • 15 g Waldmeister (ca. 15 bis 20 Stängel, je nach Größe)

**Zubereitung**

Wasser und Zucker kochen bis die Zuckerlösung klar ist, etwas abkühlen lassen. Waldmeister in ein Einmach- oder Schraubglas geben, Zuckerlösung dazu gießen, Zitronenscheiben auflegen, Glas verschließen und 5 Tage kühl stellen. Abseihen, aufkochen und in kleine Fläschchen abfüllen. Der Sirup ist nur ca. 3 Monate haltbar und nach dem Öffnen nur kurze Zeit im Kühlschrank.

# Waldmeister-Öl

**Zutaten**

500 ml Sonnenblumenöl • 25 Stängel Waldmeister • 1 Prise Salz

**Zubereitung**

Waldmeister in ein großes Schraubglas geben, ein bis zwei Stunden anwelken lassen, dann mit Salz bestreuen und mit Öl übergießen. Drei bis fünf Tage ziehen lassen. Darauf achten, dass der Waldmeister immer mit Öl bedeckt ist! Abseihen und in kleine Flaschen abfüllen. Das Öl ist vier bis sechs Wochen haltbar.

Waldmeister-Gelee
Waldmeister-Sirup
Waldmeister-Öl

Weiß und grün ist mein Strauß,
hübsch bescheiden sieht er aus.
Frisch vom Wald kommt er herein.
Rieche nur, er duftet fein!
Nimm! Vom Frühling ist's ein Stück.
Er bringt dir, Mutter, lauter Glück!

Josef Guggenmos
(1922 – 2003)

## Waldmeister-Pflanzen
### im Spitzendress

Bei dieser Tischdekoration wird der attraktiven Waldmeisterpflanze als ganzes Rechnung getragen! Sie müssen dazu keine Pflanzen im Wald ausgraben, denn viele Pflanzencenter bieten im Frühjahr in der Gärtnerei gezogene Pflanzen in Töpfen an. Für das Spitzenkleid schneiden Sie dann aus zwei runden Tortenspitzen jeweils mittig einen Riegel in Form einer liegenden „8". Die Mitte sollte die Breite des Waldmeister-Kulturtopfes haben. Legen Sie diese Papiere dann kreuzförmig übereinander. Stellen Sie den Waldmeistertopf in einen kleinen Plastikbeutel, damit nicht die Feuchtigkeit der Topferde Papier und Tischdecke beschmutzt, und platzieren Sie das Ganze im Kreuzungspunkt der Tortenpapiere. Schlingen Sie nun die vier Seiten nach oben um den Topf und fixieren alles mit einem Gummiband. Binden Sie nun ein Stück weiße Spitzenbordüre mithilfe eines Dekorationsbandes um den Topf. Mehrere solcher Töpfe hintereinander auf der Tafel platziert, ergeben ein frühlingsfrisches Bild, das einige Tage erfreuen wird.

**Material**

Waldmeisterpflanzen im Kulturtopf (aus dem Pflanzencenter) • pro Topf 2 weiße, runde Tortenspitzenpapiere • Schere • je einen kleinen Plastikbeutel • Gummibänder • Spitzenbordüre • Dekorationsband in Grün

Waldmeister-Pflanzen im Spitzendress

# Serviettenringe und Gläsersets

## mit einlaminiertem Waldmeister

Für diesen Dekotipp benötigen Sie ein Laminiergerät. Damit können Sie individuelle Sets und Serviettenringe kreieren. Trocknen Sie einige Waldmeister-Blätterquirle zwischen saugfähigem Papier. Platzieren Sie dann auf der Unterseite einer Laminierfolie ein Spitzenband und belegen Sie dieses mit den getrockneten Blattquirlen. Bedecken Sie das Ganze mit der Oberseite der Laminierfolie und lassen Sie diese durch das Laminiergerät laufen. Zerschneiden Sie nun die verschweißte Folie zu länglichen, ca. 20 cm langen und 4 cm breiten Streifen und runden Sie die Ecken ab. Schneiden Sie nun die Folie nach ca. ein Viertel der Länge – oben von links bis zur Mitte und unten von rechts bis zur Mitte – ein. Dann biegen Sie die Folie um die Serviette zum Ring und stecken die Schnitte ineinander – fertig. Nach dem gleichen Prinzip lassen sich auch Untersetzer für Gläser erstellen.

**Material**

Laminiergerät und Laminierfolien • getrocknete Waldmeisterquirle • Spitzenband • Schere • Servietten

**Serviettenringe und Gläsersets mit einlaminiertem Waldmeister**

1

2

3

4

# Sauerampfer

Großer Wiesen-Sauerampfer, Knöterichgewächse

***Rumex acetosa**, Polygonaceae*

Die säuerlich schmeckenden Blätter sind mir als erfrischende Nascherei aus meiner Kindheit auf sommerlichen Spaziergängen mit meinen Eltern in Erinnerung geblieben. Jetzt schätze ich dieses Kraut auch in der Küche. Und obendrein liefert der Sauerampfer auch noch bezaubernde Möglichkeiten für Ess- und Tischdekorationen.

## Generell

**Pflanze:** bis 1 m hoch werdende Staude. Stängel aufrecht, im unteren Bereich unverzweigt. **Blätter:** Rosettenblätter lang gestielt, spieß- bis pfeilförmig-länglich, glänzend untere Stängelblätter kurz gestielt mit deutlich pfeilförmigen Blattgrund, obere Stängelblätter immer sitzend, nie gestielt. **Blüte:** von Mai bis Juli, sehr klein, unscheinbar, rötlich bis blassgrün in endständigem, rispenartigem, lockerem Blütenstand. Männliche und weibliche Blüten stehen auf verschiedenen Pflanzen. **Frucht:** ab August dreikantig mit eintrocknenden Scheidewänden. **Verbreitung:** wild auf Feuchtwiesen, an Wegrändern, an Bachsäumen und im Gebüsch, kultiviert als Genusskraut im Garten.

## Verwendung und Geschmack

Von März bis zum Spätsommer liefert der Vitamin C-reiche Sauerampfer mit seinen Blättern und Sprossspitzen Köstliches für die Wildpflanzenküche. Die rohen **Blätter** inklusive der **Stängel** geben mit ihrem säuerlichen, an Zitrone erinnernden Aroma Salaten eine perfekte Note. Fein geschnitten aromatisieren sie Dipps, Soßen, Kräuterdressings, Kräuterquark oder Kräuterbutter. Auch die **Blütenstände** lassen sich roh im Salat oder als Dippgemüse verwenden. Gegart ergänzt der Sauerampfer in kleinen Mengen diverse Gemüsegerichte, Eintöpfe oder Aufläufe, verliert dann leider seine schöne grüne Farbe und wird bräunlich. Der Sauerampfer enthält auch Oxalsäure, die in sehr großen Mengen zu Durchfall oder Erbrechen führen kann, besondere Vorsicht ist bei Nierenerkrankungen geboten.

## Sammelort und Erkennungsmerkmale

Sauerampfer zählt zur typischen Vegetation nährstoffreicher Wiesen. Durch seine pfeilförmigen Blätter mit den abwärts gerichteten Spießecken ist er sehr gut zu erkennen. Eine sommerliche Maht macht ihm nichts aus, sondern regt ihn zum erneuten Wachstum an. So bleiben die Blätter das ganze Jahr über zart und sorgen lange für sauren Genuss. Verwechslungsgefahr besteht aufgrund ähnlicher Blätter mit dem giftigen Aronstab (*Arum maculatum*), seine Blätter sind jedoch größer und dunkelgrün. Sein Standort ist eher im Wald oder unter Büschen. Würde man seine Blätter probieren, kommt es sofort zu einem brennenden Gefühl im Mund und auf der Schleimhaut – dann sofort ausspucken.

1 In kompakter Form schieben sich die Sauerampferknospen nach oben, um später über den Sommerwiesen als rosa bis rote Blüte zu schweben.

2 Ab April bilden die typisch pfeilförmigen Sauerampferblätter Rosetten in den Wiesen. Anfangs sehr klein und zart, werden sie später zu richtigen Blätternestern. Dann ist auch die beste Erntezeit.

3 Auf manchen Wiesen muss man schon genau hinschauen, um Sauerampfer zu entdecken. Hat man ihn erstmal gefunden, wird man ihn an diesen Stellen jedes Jahr wieder ernten können.

4 Sauerampfer ist eine typische Wiesenpflanze. Je nach Standort bildet er im Frühjahr fast flächendeckende Bestände.

# Sauerampfer-Rote-Bete-Salat

**Zutaten Salat**

160 g Rote Bete vorgekocht am Stück • 80 g Sauerampferblätter • 1 Apfel

**Zutaten Dressing**

3 EL Wasser • 3 EL Olivenöl • 3 EL Wildfruchtessig • 1/2 rote Zwiebel fein gehackt • 1/2 rote Zwiebel in Scheiben • Prise Salz • Schwarzer Pfeffer aus der Mühle

**Zubereitung**

Rote Bete schälen – falls Schale noch vorhanden – und grob raspeln. Apfel waschen, schälen, vierteln, vom Kerngehäuse befreien und ebenfalls grob raspeln, zu der Roten Bete geben. Sauerampfer waschen, große Blätter in Streifen schneiden und kleine Blätter am Stück vorsichtig unter die Rote Bete mischen. Auf Tellern anrichten. Alle Dressingzutaten vermischen und über den Salat träufeln, mit Zwiebelringen bestreut servieren.

**Mein Tipp:**

Dieser erfrischende Frühlingssalat besticht durch seinen überraschend erdig-sauren Geschmack. Er kann auch sehr gut mit geräuchertem Fisch, z. B. Forelle serviert werden.

Sauerampfer-Rote-Bete-Salat

## Sauer-Sauer-Dipp

### mit Sauerampfer, Sauerklee und Zitrone

Sauer hat mir noch nie so viel Genuss bereitet!

**Zutaten**

3 Handvoll Sauerampfer • 1 Bio-Zitrone (Schale und Saft) • 200 g Frischkäse • 200 g saure Sahne • Milch • Salz • Honig • Sauerkleeblätter zum Garnieren

**Zubereitung**

Sauerampfer waschen, trocken schleudern und in feine Streifen schneiden. Frischkäse und saure Sahne gut verrühren. Abgeriebene Zitronenschale und Saft dazugeben. Sauerampfer unterrühren und mit Salz und Honig abschmecken. Mit Sauerkleeblättern garnieren.

## Erdbeer-Sauerampfer-Trifle

Und hier die logische Folge vom saurem Spaß zum süßen Verlieben.

**Zutaten**

wie Sauer-Sauer-Dipp • 8 Löffelbiskuit • 250 g Erdbeeren • Zucker

**Zubereitung**

Sauer-Sauer-Dipp herstellen. Löffelbiskuits zerbröseln. Erdbeeren waschen, in Scheiben schneiden und etwas zuckern. Löffelbiskuit, Erdbeeren und Sauer-Sauer-Dipp nacheinander in Gläser einschichten, mit Erdbeeren und Zitrone garniert servieren.

**Mein Tipp:**

Die Löffelbiskuit zum Zerbröseln in eine Tüte packen und mit dem Nudelholz überrollen. Geht schnell, ohne dass die ganz Küche verkrümelt wird.

Sauer-Sauer-Dipp mit Sauerampfer, Sauerklee und Zitrone
Erdbeer-Sauerampfer-Trifle

# Birnen-Möhren-Suppe
## mit Sauerampfer

Hierzu gab es schon viele begeisternde Worte und genüssliches Schweigen meiner Gäste.

### Zutaten

250 g Möhren • 30 g Butter • 1 EL Honig • 1 Zwiebel fein gewürfelt • 8 bis 10 g frischen Ingwer • 600 ml Gemüsebrühe • 1 große Birne • 60 g Sauerampfer • 4 EL Crème fraîche • Salz • Pfeffer • zur Dekoration: kleine Sauerampferblätter und Sauerkleeblätter

### Zubereitung

Möhren schälen und klein schneiden. Möhren mit den Zwiebeln in der Butter anschwitzen. Ingwer klein schneiden und dazugeben, mit Brühe angießen und etwa 20 Minuten köcheln lassen. Mit Honig abschmecken. Birne schälen und Kerngehäuse entfernen. Birne und Crème fraîche zu den Möhren geben und pürieren. Suppe vom Herd nehmen und mit Salz und Pfeffer abschmecken. Sauerampfer in feine Streifen schneiden, auf die Teller verteilen, Suppe einfüllen und mit Sauerampfer- und Sauerkleeblättern dekorieren.

### Mein Tipp:

Für die Dekoration dünne Möhrenstreifen mit Löchern versehen, Sauerampferblätter durchziehen und zum Krönchen zusammenstecken.

Birnen-Möhren-Suppe mit Sauerampfer

# Väschen mit Sauerampfer
## und Bauchbinde

Gesammelte Sauerampferblätter, die nicht für essbare Köstlichkeiten benötigt werden, verwende ich als Tischschmuck.

Die zu einem kleinen Strauß zusammengefassten rötlichen Blütentriebe und die Blätter des Sauerampfers ergänze ich mit anderen Sommerblumen, beispielsweise der gelbblühenden Gämswurzen (*Doronicum caucasicum*). Außerdem füllen die essbaren und ebenfalls leicht rötlich changierenden Jungtriebe vom Japanischen Staudenknöterich (*Fallopia japonica*) die kleinen Sträuße auf. Dann einfache, zylindrische Trinkgläser mit Wasser füllen, rot-weißes Dekorationsfilzband umlegen, verknoten und zur Schleife binden und den Strauß einstellen. Wenn Sie gleich mehrere von diesen Väschen gestalten, ergibt dies, mittig über die gesamte Tischlänge platziert, eine dekorative Tafelbegleitung.

**Material**

Trinkgläser • Filzdekorationsband rot-weiß • Sauerampferblütentriebe und -blätter • gelbe Sommerstaudenblüten z. B. Gämswurzen • Triebe vom Japanischen Staudenknöterich • Schere • Messer

Väschen mit Sauerampfer
und Bauchbinde

# Rhabarberbündel mit Sauerampfer

Rhabarber wächst gleichzeitig mit dem Sauerampfer und weist ähnliche Rot- und Grüntöne auf, deshalb nutze ich die dicken Stängel als Steckhilfe für einzeln eingestellte Blüten. Dazu die kubischen Glasgefäße dicht an dicht mit unterschiedlich langen Rhabarberstängeln füllen. Ergänzend können die Jungtriebe vom Japanischen Staudenknöterich (*Fallopia japonica*), der aus der gleichen Pflanzenfamilie stammt, mit verwendet werden. Dann Glasröhrchen mit Wasser füllen, zwischen die Rhabarberstangen stecken und einzelne Sommerblüten, wie beispielsweise Gämswurzen (*Doronicum caucasicum*) einstellen. Fertig ist eine lange haltbare und gegebenenfalls durch Austauschen der Sommerblüten sich verändernde Tischdekoration.

**Material**

Kubische Klarglasgefäße • Rhabarberstangen • Triebe vom Japanischen Staudenknöterich • jeweils 2 bis 3 Glasröhrchen • Sauerampferblütentriebe und -blätter • gelbe Sommerstaudenblüten z. B. Gämswurzen • Schere • Messer

*Arm Kräutchen*

*Ein Sauerampfer auf dem Damm*
*Stand zwischen Bahngeleisen,*
*Machte vor jedem D-Zug stramm,*
*Sah viele Menschen reisen.*

*Und stand verstaubt und schluckte Qualm*
*Schwindsüchtig und verloren,*
*Ein armes Kraut, ein schwacher Halm,*
*Mit Augen, Herz und Ohren.*

*Sah Züge schwinden, Züge nah'n.*
*Der arme Sauerampfer*
*Sah Eisenbahn um Eisenbahn,*
*Sah niemals einen Dampfer.*

Joachim Ringelnatz (1883-1934)

Rhabarberbündel
mit Sauerampfer

1

2

3

4

# Fichtenspitzen

Fichte (Rotfichte, Rottanne), Kieferngewächse
***Picea abies**, Pinaceae*

Den säuerlichen, leicht harzig aromatischen Geschmack des Maiwuchses liebe ich ganz besonders. Er unterscheidet sich stark von den übrigen Aromen der essbaren Wildpflanzen. Ob von Fichte oder Weißtanne, der hellgrüne Neuaustrieb dieser Nadelbäume im zeitigen Frühjahr lässt sich am besten an natürlichen Waldrändern sammeln, da hier die Zweige so weit runter hängen, dass man überhaupt sammeln kann. Man sollte pro Baum immer nur wenige Spitzen und nur den hellgrünen weichen Teil ernten, damit der Baum an den restlichen Spitzen weiter wachsen kann. Bitte beachten Sie, dass in Schonungen das Sammeln nicht erlaubt ist.

## Generell

**Pflanze:** Nadelbaum bis zu 40 m hoch werdend mit kegelförmiger Spitze. **Nadeln:** mit rautenförmigem, vierkantigem Querschnitt, spitz zulaufend und rundherum am leicht nach unten hängenden, abstehenden Ast sitzend. **Blüte:** männliche Blüten rot mit gelblichen Pollen, weibliche Blüte am Ende der Äste erst grünlich-unscheinbare aufwärts gerichtete Blüten, später violett schimmernde hängende Zäpfchen. **Früchte:** hängender, braun-verholzter bis 15 cm großer Zapfen. **Verbreitung:** weit verbreitet in Wäldern, da guter Holzlieferant, aber auch in Parks oder Gärten.

## Verwendung und Geschmack

Im wesentlichen werden die jungen **Triebe** der Fichte von Ende April bis Anfang Juni, wenn sie noch weich und hellgrün sind, geerntet. Sie haben den angenehmen, leicht zitronig bis harzigwürzigen Geschmack, der sogar roh als Waldnascherei mundet. Gehackt aromatisieren die **Fichtenspitzen** Käse oder auch Süßspeisen, sie können zu Sorbets verarbeitet werden oder dienen schokoliert als leckere Dekoration. Auch als Würze zu Fisch, aufgesetzt mit Essig oder Öl oder zu Sirup eingekocht, lassen sich die **Nadeln** verarbeiten. Im Herbst können die geflügelten Samen aus den Zapfen als kleine Nascherei geknabbert werden.

## Sammelort und Erkennungsmerkmale

Die Fichte (*Picea abies*) ist der in unseren Wäldern am häufigsten vorkommende Nadelbaum. Er kann mit der Weißtanne (*Abies alba*) verwechselt werden, die aber gegenständige, vom Stamm waagerecht abstehende Äste sowie flache, längliche und an ihren Spitzen abgerundete Nadeln besitzt, die im Gegensatz zu denen der Fichte zweireihig gescheitelt sind, wobei die obere Reihe etwas kürzer und nach vorne gerichtet ist. Die Triebe und Nadeln der Weißtanne können jedoch, genauso wie die der Fichte, in der Wildpflanzenküche Verwendung finden. Gefährlich wäre eine Verwechslung mit der giftigen Eibe (*Taxus baccata*). Sie wächst jedoch als Strauch oder mehrstämmiger kleinerer Baum, hat dunkelgrüne Nadeln, die flach und zweizeilig gescheitelt sind, und besitzt rote Beeren.

1. Die kleinen, attraktiven, weiblichen Blüten dieses Kieferngewächses entwickeln sich bald nach der Besamung zu den bekannten holzigen Zapfen.
2. Da das Ernten der jungen Triebspitzen den Baum in seinem Wachstum einschränkt, pflücke ich immer nur sehr wenige Spitzen und vor allem nie zu viel von einem Baum.
3. Die weichen Fichtenspitzen haben ein säuerliches, leicht harziges Aroma, das sich vielfältig in der Wildpflanzenküche einsetzen lässt.
4. Wegen ihrer stattlichen Größe lassen sich die Triebspitzen nur an Waldrändern oder von Jungbäumen mit der entsprechenden Umsicht ernten. Die meisten Schonungen befinden sich in Privatbesitz, hier ist das Sammeln nicht erlaubt.

# Fichten-Frischkäse-Kugeln

Mit diesem schnell und leicht vorzubereitenden Gericht überrasche ich Gäste wegen seiner geschmacklichen aber auch optischen Besonderheit. Passt ideal zum Apéro, Begrüßungsdrink bzw. Apéritif.

## Zutaten

250 g Frischkäse • Joghurt optional • 1 Prise Kräutersalz mit mediterranen Kräutern • 1 bis 2 Handvoll Maiwuchs von der Fichte • 2 EL Olivenöl • 1 TL Schnittlauchblüten • schwarzer Pfeffer aus der Mühle

## Zubereitung

Die Nadeln von der Mittelrippe abstreifen, klein schneiden und auf einen Teller oder ein Brett geben. Frischkäse mit Kräutersalz sowie je nach Konsistenz mit Joghurt vermengen. Dann mit einem Teelöffel kleine Mengen abstechen und zu Kugeln formen, diese mit den kleingeschnittenen Fichtennadeln panieren. Kugeln in einer flachen Schüssel auf einem Olivenölspiegel anrichten, mit Blüten und schwarzem Pfeffer bestreut servieren.

Fichten-Frischkäse-Kugeln

# Fichtenspitzen-Risotto
## mit Pilzen und Pinienkernen

Umwerfend! Ein Gericht, das nicht nur passionierte Vegetarier und Waldfans zu schätzen wissen.

### Zutaten Butter
100 g Butter • 1 Handvoll Fichtenspitzen • 3 bis 4 Stängel Petersilie • 2 EL Olivenöl

### Zutaten Risotto
250 g Risottoreis (Vialone oder Arborio) • 1 Zwiebel • 2 EL Olivenöl • 30 g Butter • 200 ml trockener Weißwein • 750 ml heiße, kräftige Gemüsebrühe mit 8 bis 10 Fichtenzweigen aromatisiert • 50 g Parmesan • 4 EL Sahne • Salz • Pfeffer aus der Mühle • 8 bis 10 braune Champignons • Pinienkerne

### Zubereitung
Butter zimmerwarm stellen. Fichtenspitzen und Petersilie waschen, trocken schleudern, grobe oder harte Teile wegschneiden, in Öl pürieren und gut mit der Butter vermengen. Zur Seite stellen.
Für das Risotto Butter in Olivenöl zerlassen, fein gehackte Zwiebel zugeben und glasig anschwitzen. Risottoreis beigeben und ebenfalls anschwitzen bis die Körner glasig werden, salzen, mit Weißwein ablöschen und unter Rühren ca. 20 Minuten köcheln lassen. Dabei unter häufigem Rühren Brühe nachgießen, sobald der Reis trocken wird.
Pilze putzen, in Scheiben schneiden und in einer Pfanne mit Öl kurz anbraten. Pinienkerne in einer trockenen Pfanne anrösten.
Das Risotto von der Kochstelle nehmen. Parmesan, Sahne und Fichtenspitzenbutter unterrühren. Eine Minute ziehen lassen. Mit den Pilzen und Pinienkernen garnieren und mit frisch gemahlenem, schwarzem Pfeffer servieren.

### Mein Tipp:
Stellen Sie gleich eine größere Menge von der Fichtenspitzenbutter her. Sie lässt sich hervorragend portionsweise einfrieren, so dass Sie sie schnell einsetzen können.
Übrigens: Das Gericht können Sie auch für Nicht-Vegetarier mit einem Filet toppen oder mit kurz in Öl gebratenen Kräuterseitlingen.

Fichtenspitzen-Risotto
mit Pilzen und Pinienkernen

# Schokolierte Fichtenspitzen

## an Obstsalat

Das Grün der Fichtenspitzen ist ein Hingucker, das schwarz-süße Topping ein Gaumenkitzler.

### Zutaten

60 Fichtenspitzen • Zartbitterkuvertüre • 800 g gemischtes Obst wie Aprikose, Erdbeeren, Himbeeren, Kiwi, Trauben etc. • 3 EL Zucker

### Zubereitung

Kuvertüre klein gehackt in eine Schüssel geben und im Wasserbad schmelzen. Fichtenspitzen waschen und trocken tupfen, dann in die Kuvertüre tunken, auf eine Alufolie legen und trocknen lassen – alternativ ins Gefrierfach geben. Zwischenzeitlich das Obst waschen. Ein paar Obstschnitzen ebenfalls halb schokolieren, den Rest in mundgerechte Stücke schneiden und mit dem Zucker vermischen. Obstsalat auf Tellern anrichten, mit den schokolierten Fichtenspitzen und Obstschnitzen toppen und servieren.

Schokolierte Fichtenspitzen an Obstsalat

# Fichtenspitzen-Senf

Wer ihn einmal probiert hat, wird ihn in jedem Frühjahr wieder machen. Dieser Senf ist einfach etwas Besonderes und schmeckt vorzüglich zu Wild, Gegrilltem und in Salatsoßen! Die bauchigen Korkenflaschen verschließe ich dekorativ mit einem Doppelknoten.

## Zutaten

50 g zarte Fichtenspitzen • 50 ml weißer Balsamico-Essig • 10 g Senfsamen, gemahlen • 15 g Roggenmehl • 15 g flüssiger Honig • 1 gestr. TL Meersalz

## Zubereitung

Fichtenspitzen mit etwas Essig sämig pürieren. Die übrigen Zutaten dazugeben und gut verrühren. In kleine Gläser füllen und fest verschließen. Kühl und trocken gelagert, ist der Senf mehrere Monate haltbar.

## Mein Tipp:

Fichtenspitzen sind „der Rosmarin des Nordens". Gehackte Nadeln und Meersalz zum Kräutersalz gemischt (im Ofen bei 50° nachtrocknen), sind ein wunderbarer Geschmacksgeber bei Wild- oder Lammfleisch. Wer rechtzeitig erntet und das Salz vorbereitet, wird lange von diesem Genuss profitieren.

Fichtenspitzen-Senf

# Fichtenspitzen-Likör und Fichtenspitzen-Gelee

Ob Sie es verschenken oder selbst genießen wollen, die Zubereitung dieser leckeren Dinge geht schnell und macht vor allem viel Spaß, wenn Sie dafür schöne Gläser auswählen.

### Zutaten Likör

50 g Maiwuchs von Fichten • 50 g weißer Kandis • 350 ml Korn 32 vol.%

### Zubereitung Likör

Maiwuchs mit Kandis in eine Flasche füllen, mit Korn übergießen und gut verschließen. In der ersten Woche die Flasche immer wieder schütteln und darauf achten, dass die Fichtenspitzen vom Korn benetzt sind. 4 bis 6 Monate ziehen lassen, abfiltern und in kleine Flaschen füllen.

### Zutaten Gelee

200 bis 250 g Maiwuchs von Fichten (entspricht ca. 1 Litergefäß) •
800 ml Wasser • Saft einer Zitrone • 100 bis 150 ml Weißwein • Gelierzucker 2:1

### Zubereitung Gelee

Maiwuchs mit Wasser aufkochen, 1 Stunde bei geschlossenem Topf köcheln lassen und durch ein feuchtes Tuch abseihen. Mit Weißwein auf 750 ml auffüllen und mit Zitronensaft und Gelierzucker nach Packungsangabe zu Gelee kochen. Heiß in Gläser füllen und fest verschließen.

**Fichtenspitzen-Gelee**
**Fichtenspitzen-Likör (linke Seite)**

## Serviettenschmuck

### mit Fichtenspitzen

Kleben Sie mit dem Heißkleber jeweils an die Enden von 20 cm langen Kordeln einen ausgewachsenen Fichtenspitzentrieb. Knoten Sie um eine Stoffserviette ein farblich passendes Schmuckband, um das Sie die Fichtenkordeln binden. Zeichnen Sie nun auf etwas festeren, weißen Karton einen Pilz (Vorlage: Pilzbuch oder Internet), schneiden diesen aus, versehen ihn mit dem Namen eines Gastes und stecken Sie den Pilz in den Kordelknoten der Serviette.

Für die Menükarte in Form eines Wildschweins kopieren Sie das Schwein von dieser Seite und vergrößern es mit Hilfe eines Kopierers auf die von Ihnen gewünschte Größe. Knicken Sie nun weißen Karton zu einer Klappkarte und übertragen Sie die Umrisse des Wildschweins hierauf, wobei der Rücken exakt auf der Faltkante positioniert wird. Schneiden Sie nun das Schwein entlang der Umrisse aus. Achten Sie darauf, dass die Hälften im Rückenbereich an mehreren Stellen verbunden bleiben, so kann die Menükarte gut auf der Tafel aufgestellt werden. Jetzt nur noch das Menü auf die Innenseite schreiben und fertig ist das waldige Ambiente.

**Material**
Stoffservietten • ausgereifte Tannenspitzen in doppelter Anzahl der Servietten bzw. Gäste • Kordel • Heißkleber • Dekorationsband • weißer Karton • Motivvorlage für Pilz und Wildschwein (www.blooms.de/wildpflanzenbuch-service) • Stift • Schere

Serviettenschmuck
mit Fichtenspitzen

## Fichtenzapfen-Igel

Für diese lustigen Tischgesellen werden kleine, ca. 10 cm lange Fichtenzapfen gesammelt, längere Zapfen können entsprechend gekürzt werden. Am Ende beginnend, werden unter jede zweite, dritte Schuppe kurze grüne Fichtentriebe geschoben, so dass ein dichtes Igelstachelkleid entsteht. Das letzte Drittel als Gesicht des Igels freilassen. Hier zwei Dekonadeln als Augen und eine in die Spitze als Schnauze einstecken, eventuell mit Heißkleber fixieren. Sie werden sehen, diese pussierlichen Tierchen, die unter den Pilzen aus Knochenporzellan auf der Tafel „entlang krabbeln", werden Ihre Tischgäste erheitern.

**Material**

kleine Fichtenzapfen • Fichtenzapfenaustrieb • pro Igel 3 Dekonadeln mit Kopf • Porzellanpilze • evtl. Heißkleber

**Mein Tipp:**

Für das Igelkleid sollten Sie nicht zu junge Triebenden verwenden, da diese schnell schlapp wirken. Etwas ältere Spitzen garantieren dagegen eine haltbarere Tischdekoration.

Fichtenzapfen-Igel

1

2

3

4

# Beinwell

Gewöhnlicher Beinwell, Borretschgewächse
***Symphytum officinale,*** *Boraginaceae*

Vom Frühjahr bis zum Herbst begegnet man dem Beinwell auf Wiesen, wie in Feld und Flur. Ich liebe ihn aufgrund seiner besonderen Verarbeitungsmöglichkeiten in der warmen Genussküche und seines würzigen, leicht an Gurke erinnernden Geschmacks. Sein Beiname „officinalis“ weist uns dezent darauf hin, dass wir es hier mit einer altbewährten Heilpflanze zu tun haben. Er wurde früh im amtlichen Arzneiverzeichnis aufgeführt und im Officin, dem Werkraum der Apotheker, verarbeitet.

## Generell

**Pflanze:** mehrjährig, bis 1 m hoch werdend, Stängel aufrecht, verzweigt, durch die herablaufenden Blätter geflügelt, komplett borstig behaart. **Blätter:** Rosettenblätter gestielt, bis 30 cm lang und bis 10 cm breit, spitz-eiförmig, Stängelblätter wechselständig, herablaufend, nach oben hin kleiner werdend, lanzettlich, unterseits grobaderig, rau behaart. **Blüte:** von Mai bis September, 1 bis 2 cm lang, glocken- bis röhrenförmig, mit herausragendem Griffel, Kelch um 5 mm lang, in 5 lanzettliche Zipfel zerteilt, Blütenstand doppelläufig zusammenstehend, am Sprossende zu Spiralen eingerollt, cremeweiß, hellgelb, rosé, violett-rötlich oder lila blühend. **Verbreitung:** halbschattig bis sonnige Standorten, an Ufern, Gräben, Wegen und Waldrändern und auf Feuchtwiesen, häufig auch als Gartenpflanze, in ganz Europa verbreitet.

## Verwendung und Geschmack

Vor allem die **Blätter** kommen in der Wildpflanzenküche zur Anwendung. Vom zeitigen Frühjahr bis in den Herbst hinein können sie geerntet werden. Aufgrund ihrer rauen, aber auch klebrigen Oberfläche sowie ihrer Größe eignen sich die Blätter sehr gut dazu, wie eine Roulade pikant mit Käse, Fleisch, Reis oder Gemüse gefüllt zu werden. Wegen ihrer festen Konsistenz sind sie ideal zum Ausbacken in Bierteig geeignet und verführen so als leckere Snacks. Fein geschnitten oder mariniert haben sie als Salatbeilage oder in Kräuterdipps ihren Auftritt. Blätter, **Blütenknospen** sowie die jungen **Triebe** des proteinreichen Beinwells sind kurz angedünstet ein schmackhaftes Gemüse oder auch eine milde Suppeneinlage. Die **Blüten** laden zum Verzieren von Speisen, wie Salate oder Desserts, oder auch zum direkten Verzehr aufs Butterbrot ein. Der Beinwell enthält in den oberirdischen Teilen geringe Mengen an Pyrrolizidinalkaloide, diese Stoffe können leberschädigend wirken. Andererseits schätzt man den Beinwell seit Jahrhunderten als Heil- und Nahrungspflanzen, ohne dass schädliche Wirkungen beim Menschen beschrieben wurden. Von daher sollte man den Beinwell nur hin und wieder und nur in kleinen Mengen verwenden.

## Sammelort und Erkennungsmerkmale

Gut erkennbar ist der Beinwell an den recht langen, spitzzulaufenden Blättern und der rau-borstigen Behaarung der gesamten Pflanze. Im Frühjahr vor der Blüte können die Rosettenblätter des Beinwells mit denen des giftigen Fingerhutes (*Digitalis purpurea*) verwechselt werden, diese sind eher weich und samtig behaart. Auch Vergissmeinnicht (*Myosotis sylvatica*), das Lungenkraut (*Pulmonaria officinalis*) und der Gartenborretsch (*Borago officinalis*) aus derselben Pflanzenfamilie sehen ähnlich aus, sind aber genießbar und stellen somit keine Gefahr dar.

1. Schon ab Ende April sind die rauen Blätter an Wegrändern und auf Wiesen zu finden.
2. Die gesamte Pflanze ist, wie hier gut zu sehen, rau behaart. Die glockenförmigen Blüten variieren farblich von Weiß, über Rosa bis Dunkelviolett und sind in ihrem Knospenstand schneckenförmig eingerollt.
3. Die typische Blattform ist schmal lanzettlich.
4. Der Beinwell ist häufig auf feuchten Wiesen zu finden.

## Beinwell-Rouladen

### mit Minz-Beinwell-Soße

So einfach kann Finger-Food sein und dazu so lecker! Und die Soße liefert das geschmackliche i-Tüpfelchen. Da kann man nie genug von zubereiten!

**Zutaten Beinwell-Rouladen**

8 große Beinwellblätter • 8 Scheiben Emmentaler • 8 Scheiben Schinken • etwas Mehl • 1 Ei • Paniermehl • Bratenöl

**Zutaten Minz-Beinwell-Soße**

100 g Joghurt • 1/2 Salatgurke • 8 Blätter Minze • 3 kleine Beinwellblätter • 1 Tomate • Salz • 8 Beinwellknospenstände zum Garnieren

**Zubereitung**

Blätter waschen, Mittelrippe flach abschneiden und auf die Blattunterseiten Käse und Schinken legen, so dass ein Stückchen frei bleibt. Beinwellblätter aufrollen, sie kletten sich selbst fest. Erst in Mehl, dann in Ei und als letztes in Paniermehl wenden und in Öl kurz ausbacken.

Für die Minz-Beinwell-Soße Joghurt und 1/3 der Salatgurke im Mixer pürieren. Minze und Beinwellblätter in feine Streifen schneiden und dazu geben. Restliche Gurke und Tomate fein würfeln und unterheben. Beinwellknospenstände kurz blanchieren und die Soße damit garnieren. Zu den frittierten Beinwell-Rouladen reichen.

## Gefüllte Tomaten

### mit Minz-Feta im Beinwell-Körbchen

**Zutaten Beinwell-Körbchen**

4 Beinwellblätter • 4 bis 6 Pfefferminzblätter • 4 Fleischtomaten • 150 g Fetakäse • 2 EL Joghurt • 2 EL Frischkäse • Saft von 2 Zitronen • 1 Knoblauchzehe, in feine Scheiben geschnitten • 4 EL Olivenöl • Salz • Pfeffer • Beinwellblüten

**Zubereitung**

Beinwell und Pfefferminze waschen und trocken schleudern. Beinwellblätter in der Marinade einige Stunden ziehen lassen. Fleischtomaten aushöhlen. Fetakäse mit Joghurt und Frischkäse verrühren und die feingehackte Pfefferminze unterheben. Marinierte Beinwellblätter in die Tomaten legen und mit der Kräuter-Käsemischung füllen. Aus Zitronensaft, Knoblauch, Olivenöl und Gewürzen die Marinade rühren und diese über die Tomatenfüllung träufeln und mit Beinwellblüten garnieren.

Beinwell-Rouladen
mit Minz-Beinwell-Soße
Gefüllte Tomaten mit
Minz-Feta im Beinwell-Körbchen

# Beinwell-Röllchen
## überbacken

Bei diesem Rezept mache ich mir die Klebefunktion der rau behaarten Beinwellblätter zunutze. Für die Beinwell-Röllchen brauche ich keine Zahnstocher oder Bindfäden zum Fixieren!

### Zutaten Röllchen
20 bis 25 Beinwellblätter • 100 g Käse (Gouda), gerieben

Füllung: 150 g Grünkern, geschrotet • 250 ml Gemüsebrühe • 1 Zwiebel • 1 Ei • Olivenöl • ca. 30 g Würzkräuter (Knoblauchsrauke, Wiesenknopf, Minze, Dost,…) • Salz • Pfeffer • Zitronensaft

### Zutaten Soße
200 ml passierte Tomaten • 100 g Sahne • 50 ml Wein • 1 Zwiebel • 2 EL Olivenöl

### Zubereitung
Zwiebel fein hacken und in Olivenöl andünsten, Grünkern, Gemüsebrühe und Salz dazugeben und aufkochen. Die Grünkernmasse ca. 15 Minuten köcheln lassen, vom Herd nehmen und im geschlossenen Topf ausquellen lassen. Würzkräuter waschen, trocken schleudern, sehr fein hacken und mit Ei unter die Grünkernmasse rühren, mit Salz, Pfeffer und Zitronensaft abschmecken. Dicke Mittelrippe der Beinwellblätter abschneiden. Blätter mit der Grünkernmasse bestreichen und aufrollen. Hochkant dicht an dicht in eine Auflaufform stellen.

Zwiebeln sehr fein hacken und mit den übrigen Soßenzutaten vermengen, mit Salz und Honig abschmecken und über die Beinwell-Röllchen gießen. Den Käse über die Masse streuen und im vorgeheizten Backofen mit Ober- und Unterhitze bei 250°C Grad ca. 30 Minuten backen.

Beinwell-Röllchen überbacken

# Beinwell-Wildkräuter-Quiche

## mit Blätterteig

Mit Blätterteig ist diese Quiche sehr schnell zubereitet und in einer Tarteform macht sie nicht nur optisch eine gute Figur. Als leichtes Sommergericht ein Gaumenschmaus.

### Zutaten

500 g Blätterteig • 300 g Zucchini • 1 Zwiebel • 1 Knoblauchzehe (optional) • 250 g Greyerzer, gerieben • 3 Eier • 200 ml Sahne • 3 Handvoll Wildkräuter: z. B. Beinwell, Wiesenbärenklau, Giersch, Spitzwegerich, Brennnessel…

### Zubereitung

Blätterteig in eine Form legen, einen Rand formen und den Boden mit einer Gabel mehrmals einstechen. Wildkräuter waschen und klein schneiden. Gemüse grob raspeln. Zwiebel fein hacken und in Öl anbraten, dann Knoblauch, Wildkräuter und Gemüse mitdünsten, anschließend auf den Teig geben. Ofen auf 200°C Ober- und Unterhitze vorheizen. Geriebenen Käse mit Sahne, Milch und Eier mischen und mit Pfeffer und Salz abschmecken, dann über das Gemüse in die Form gießen. Im vorgeheizten Ofen ca. 30 Minuten backen.

### Mein Tipp:

Ob Tarte- oder Springform, diese sollten immer eingefettet sein, dann löst sich der fertig gebackene Blätterteig besser aus der Form.

Beinwell-Wildkräuter-Quiche
mit Blätterteig

# Blütenwürfel

## mit Beinwellmantel

Die großen, festen Blätter des Beinwells eignen sich hervorragend, um Steckschaum zu kaschieren. Dazu Frischblumensteckschaum in Würfel mit 8 cm Kantenlänge schneiden, diese auf einen mit Wasser gefüllten Eimer legen, bis sie sich komplett mit Wasser vollgesogen haben. Die Würfel dabei nicht runterdrücken, denn sonst entstehen innerhalb des Steckschaums Trockenbereiche, die später die eingesteckten Blüten nicht mit Wasser versorgen können. Nun die nassen Würfel rundherum dicht an dicht mit Beinwellblättern belegen und diese beiderseits der Kanten gleichmäßig mit Stecknadeln fixieren. Würfel auf einen Unterteller mit Wasser stellen und oberseitig nach Belieben Blüten einstecken. Freie Steckschaumbereiche gegebenenfalls mit farblich passendem Streugranulat abdecken. Fertig.

### Material

Frischblumensteckschaum-Ziegel • Stecknadeln • Unterteller • blau-violettblühende Blumen, wie Beinwell, Schnittlauch, Garten-Zierlauch, Kornblume, Skabiose, Storchschnabel, Sommeraster usw. • blühende Gräser • Granulat violettfarben

Blütenwürfel
mit Beinwellmantel

## Blütenväschen mit Beinwell

Wer rechtzeitig kleine Glasfläschchen sammelt, wird diesen blütenreichen Sommerschmuck schnell verwirklichen können!

Einfach mehrere, durchaus unterschiedliche Glasfläschchen jeweils mit Wasser, drei bis fünf Blüten sowie einem oder mehreren Beinwellblättern füllen. Um den Flaschenhals oder – wenn man das Ganze auch mit echten, kleinen Glasvasen durchmischt – um die Glasväschen zwei verschieden farbige Schmuckbänder knoten – fertig! Wer genauso viele Blütenfläschchen auf den Tisch stellt wie Gäste am Tisch sitzen, kann die Schmuckstücke sogar zum Tischanweiser machen, indem jede Vase mit einem Namensschild versehen wird. Dazu auf farbigen Karton die Namen der Gäste schreiben, gegebenenfalls mit einem Goldfaserstift umranden, das Schild ausschneiden, lochen und mit Hilfe einer Schmucknadel im Knoten des Bandschmucks feststecken.

**Material**

blau-violettblühende Blumen, wie Beinwell, Schnittlauch, Garten-Zierlauch, Kornblume, Skabiose, Storchschnabel, Sommeraster usw. • Beinwellblätter • unterschiedliche kleine Klarglasfläschchen • kleine Klarglasvasen • farbigen Karton • Goldfaserstift • Stecknadeln • zwei verschiedenfarbige Schmuckbänder • Locher • Schere

Blütenväschen mit Beinwell

1

2

3

4

# Minze

## Minze, Lippenblütengewächse

***Mentha spec.**, Lamiaceae*

Verschiedene Minzen haben sich mittlerweile meines kleinen Gartengrundstücks bemächtigt. Meist aus Ablegern gezogen, haben sie wahre Wuchspower entwickelt. Ich liebe ihre ständige Verfügbarkeit für kühlende Minztees, erfrischendes, geminztes Wasser oder für diverse Dressings, Salate oder Süßspeisendekorationen. Das Spektrum der Minzaromen ist gewaltig!

### Generell

**Pflanze:** mehrjährige Staude, ca. 40 cm bis 80 cm hoch werdend. **Blätter:** eiförmig bis spitz länglich, mit glattem, gebuchtetem bis gezähntem Blattrand, Blattadern oft andersfarbig sich abhebend, kreuzgegenständig am Stängel angeordnet. **Blüte:** hellblau, violett, weiß oder rosa, in bis zu 10 cm langen, endständigen, ährenartigen Blütenständen oder blattachsständigen Scheinquirlen, von Juli bis September blühend. **Verbreitung:** auf feuchten, nährstoffreichen Böden, an Bachrändern oder in Gräben, an sonnigem bis halbschattigem Standort. Kultivierte Sorten kreuzen sich draußen zur Wildform zurück oder können sich seitens ihres Wuchses und Aussehens verändern.

### Verwendung und Geschmack

Von März/April bis zum Frost können die zarten, oberen **Blätter** und **Blatttriebe** der Minze geerntet werden. Je häufiger man die Minze erntet, um so verzweigter treibt sie nach. Oder man schneidet sie vor der Blüte ganz zurück. Ihr minziges Aroma eignet sich als erfrischende Würze für Süßspeisen, Gebäck, Dressings oder Dipps sowie frisch oder getrocknet zur Zubereitung von Tees und Kaltgetränken. Die **Blüten** dienen von Juli bis September als essbare Dekoration für Salate, zu Obst oder Schokoladigem. (Siehe auch Kapitel „Essbare Blüten" ab Seite 88.)
Hauptinhaltsstoffe verschiedener Minzen ist ätherisches Öl mit Menthol. Am bekanntesten ist der Minzgeschmack in Pastillen oder Kaugummis für frischen Atem oder in Zahnpflegeprodukten.

### Sammelort und Erkennungsmerkmale

Die sich durch unterirdische Ausläufer schnell ausbreitende und häufig größere Flächen einnehmende Minze liebt feuchte, durchlässige, humusreiche Standorte. Insofern assoziiert man sie fast immer mit dem Vorhandensein von Wasser, wie Bächen oder Teichen. Auch in Töpfen lässt sie sich leicht kultivieren, eine gute Wasserversorgung in den heißen Sommermonaten vorausgesetzt. Erkennbar ist die Minze an ihrem typischen Aroma, das sich beim Zerreiben der Blätter schnell entfaltet und neben Menthol auch andere fruchtige Aromen beinhalten kann, wie:

**Marokkanische Minze** (*M. spicata var. crispa*) – ovale, raue Blätter, süßlich, kühler, milder Mentholgeschmack

**Pfeffer-** oder **Edel-Minze** (*M. piperita*) – große, leicht behaarte Blätter, sehr wüchsig, Pfefferminzaroma

**Ananas-Minze** (*M. suaveolens 'Variegata'*) – weiß-bunte Blätter, duftet nach Ananas

**Bananen-Minze** (*M. arvensis*) – niederliegende Triebe mit zarten Blättern, nach Banane duftend

**Erdbeer-Minze** (*M. species*) – kleine, weißlich grüne, ovale Blättchen, süßlich-fruchtiges Aroma

**Japanische Heilminze** (*M. arvensis x spicata*) – dunkelgrüne, dreieckige, spitz zulaufende Blätter, intensiver Mentholduft

**Grapefruit-Minze** (*M. suaveolens x piperita*) – kleine, ovale Blätter, fruchtig-saures Aroma

1 Der hohe Gehalt an ätherischem Öl macht die Minzen auch für die Nase unverwechselbar. Ein Schnuppererlebnis!

2 Der Wuchs der Staudenpflanzen variiert je nach Sorte und Art. Typisch ist aber die kreuzgegenständige Anordnung der Blätter am Stängel.

3 Im blühenden Zustand sind die ährenartigen, meist violetten oder weißen Blütenstände typisch.

4 Die Minze liebt feuchte und nährstoffreiche Standorte. Oft bilden sich aufgrund ihrer Wüchsigkeit dichte Pflanzungen.

# Minz-Kräuter-Smoothie

Köstlich an heißen Tagen, erfrischend und gehaltvoll an Vitaminen zugleich. Smoothies aus der Vielfalt der frischen Kräuter sind schnell zubereitet und sollten sofort verkostet werden.

**Zutaten**

25 g Giersch • 25 g Feldsalat • 6 g Sauerampfer • 2 g Löwenzahn • 6 Blättchen Gundermann • 15 Blättchen Minze • 6 Blättchen Zitronenmelisse • 1/2 reife Banane • 1 reife Mango • Saft einer Zitrone • Saft von 1/2 Orange • 200 ml Apfelsaft

**Zubereitung**

Kräuter waschen, trocken schleudern, klein schneiden. Früchte schälen und grob zerteilen. In einem Mixer alle Zutaten mit etwas Flüssigkeit fein pürieren. Zum Schluss Apfelsaft dazugeben. Unbedingt innerhalb von ein bis zwei Tagen verbrauchen! Fertiges Smoothie im Kühlschrank lagern.

**Mein Tipp:**

Ich empfehle, anfangs nur ein kleines Glas am Tag zu trinken, denn unser Stoffwechsel muss sich an die Mengen von Ballaststoffen und Vitaminen in diesem Kräuter-Smoothie erst (wieder) gewöhnen.

Minz-Kräuter-Smoothie

# Marinierter Briekäse

## mit Minze und Dost auf Beinwell

Ein Gericht, was als kleiner Sommersnack für zwischendurch, zum abendlichen Wein oder bei einem Menü als Vorspeise dienen kann. Am Vortag zubereitet und gut durchgezogen, schmeckt's am besten.

### Zutaten

300 g Briekäse • 100 ml Olivenöl • 100 ml Wasser • 50 ml Zitronensaft • 2 Knoblauchzehen • Schale von einer 1/2 unbehandelten Zitrone • Zucker • Salz • frisch gemahlener Pfeffer • 5 Stängel Minze • je 3 Stängel Dost, Majoran, Oregano • 10 bis 20 Beinwellblätter

### Zubereitung

Briekäse in Gabelhappen schneiden. Beinwellblätter waschen und die dicke Mittelrippe mit einem Küchenmesser flach abschneiden. Kräuter waschen und fein hacken. Olivenöl, Wasser und Zitronensaft zu einer Marinade verrühren, mit Zucker, Salz und Pfeffer abschmecken. Knoblauchzehen in feine Scheibchen schneiden. Zitronenschale dünn abschälen und in feine Streifen schneiden, beides in die Marinade geben. Eine flache Schüssel mit Beinwellblättern auslegen, darauf eine Lage Briekäse geben und ein Drittel der gehackten Kräuter drüberstreuen, mit etwas Marinade übergießen. Mit der nächsten Schicht genauso verfahren. Zum Schluss restliche Marinade übergießen. Über Nacht im Kühlschrank ziehen lassen. Dann zu frischem Baguette servieren.

Marinierter Briekäse mit Minze und Dost

## Nudeln mit Minze,
### Zucchini und Feta

Meine Lieblingspasta, wenn's unkompliziert und schnell zugehen soll. Die Minze ergänzt sich hierbei wunderbar zum Fetakäse.

**Zutaten**

400 g Pasta (Orichietti oder andere Formen, gerne auch Spaghettini) • 2 mittelgroße Zucchini • Salz • Pfeffer • etwas Knoblauch • Olivenöl • 250 g Fetakäse • 8 Stängel Minze

**Zubereitung**

Pasta in kochendem Salzwasser al dente kochen. Zucchini in Scheiben, Fetakäse in Würfel und Minze in feine Streifen schneiden. Öl in einer Pfanne erhitzen und Zucchini-Scheiben beidseitig darin bräunen. Mit Salz, Pfeffer und wenig Knoblauch abschmecken. Zum Schluss gewürfelten Fetakäse und fein geschnittene Minze kurz mit in die Pfanne geben, ein-, zweimal umrühren und sofort über die auf vorgewärmten Tellern verteilte Pasta geben. Eventuell noch einige Minzeblätter hinzufügen.

Nudeln mit Minze, Zucchini und Feta

# Geminzte Ananas-Muffins

Schnell gemacht und beliebt bei Jung und Alt! Mein besonderer Clou dabei sind die aus Backpapier selbstgemachten Muffinförmchen, in Mini-Weckgläsern gebacken.

### Zutaten

1 Dose Ananasstücke (Abtropfgewicht 340 g) • 200 g Mehl • 1 Päckchen Backpulver • 100 g Zucker • 2 Päckchen Vanillezucker • 200 g Joghurt • 80 g geschmolzene Butter • 2 TL fein gehackte Minzeblätter • 1 Prise Salz • 2 Eier

### Zutaten Garnitur

50 g Zucker • 1 Handvoll Minzeblättchen

### Zubereitung

Ananasstücke in einem Sieb abtropfen lassen, Saft auffangen. Mehl und Backpulver mischen. Zucker und Vanillezucker mit Joghurt, Butter, Hälfte der Minzeblätter und Salz verquirlen. Eier einrühren, dann Mehlmischung und die Ananasstücke zügig unterheben. Backofen auf 160°C (Umluft) oder 180°C (Ober-/Unterhitze) vorheizen. Muffinblech buttern oder Papierförmchen einsetzen, mit der Masse befüllen und 20 bis 25 Minuten auf mittlerer Schiene backen. Für die Garnitur Zucker mit der restlichen Minze vermörsern. Die heißen Muffins mit Ananassaft bepinseln und mit dem Minzezucker bestreuen. Fünf Minuten ruhen lassen, dann aus der Backform herausnehmen und auf einem Kuchengitter auskühlen lassen.

### Mein Tipp:

Für die selbstgemachten Papierförmchen schneide ich ca. 20 x 20 cm große Quadrate aus Backpapier aus und platziere diese in kleine, feuerfeste Glasförmchen. Wenn Sie zum Schluss die Muffins mit einem Bindfaden umwickeln, sieht's richtig nett aus!

Geminzte Ananas-Muffins

# Minze-Erdbeer-Likör

Einfach köstlich! Als Aperitif bei der Sommergartenparty ein wahrer Muntermacher!

### Zutaten

200 g Erdbeeren • 3 Stängel Minze • 30 g weißen Kandis • 500 ml Obstler • 2 EL Blütenhonig

### Zubereitung

Erdbeeren waschen und klein schneiden, Minze waschen und Stängel mit Blättern grob hacken. Bis auf den Honig alles in einer Flasche (750 ml) mit großer Öffnung ansetzen. 14 Tage im Hellen ruhen lassen. Dann Likör abfiltern (z. B. durch Kaffeefiltertüte), Honig zugeben und eine weitere Woche stehen lassen. Fertig!

Minze-Erdbeer-Likör

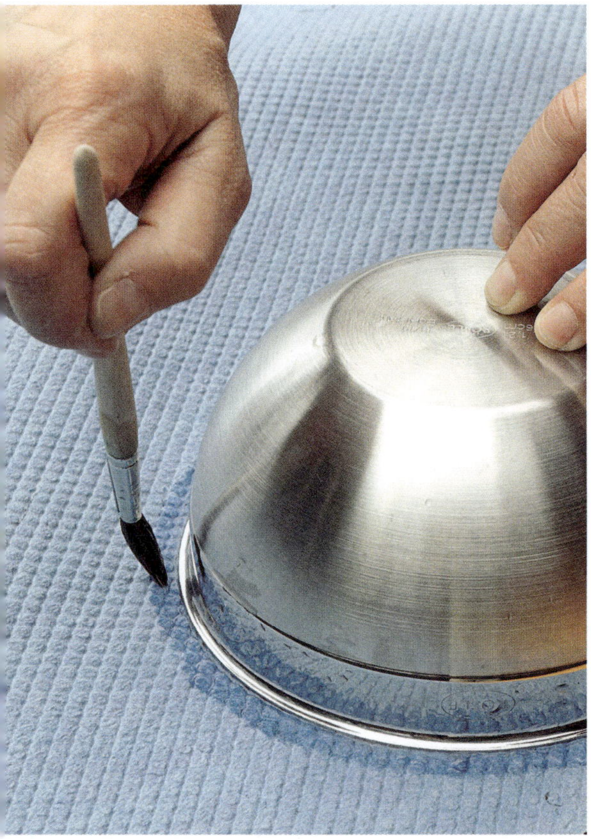

# Duft-Minze-Tütchen

## als Tellerdekoration

Die mit duftender Minze gefüllten Papiertütchen weisen jedem Gast seinen Platz an der Sommertafel an. Mithilfe einer Schüssel und einem Pinsel mit Wasser runde Kreise auf dem Papier markieren. Kurz durchweichen lassen, dann die Kreise aus dem Papier reißen, so dass eine schöne Risskante entsteht. Jeden Kreis in drei gleich große Kreissegmente zerschneiden. Jedes Segment zur Tüte rollen und entlang der geraden Schnittkanten mit Kleber fixieren. Bänder, ggf. mit Hilfe einer dicken Nadel, durch die Mitte der Spitze ziehen. Dann drei ca. 5 cm lange Minzestängel zusammenlegen. Schnittflächen mit angefeuchtetem Wattestück versehen und mit einem Stückchen Frischhaltefolie umwickeln. Mit diesem unteren Ende Minzbüschelchen in die Tüte stecken, ans Band knoten und ganz in die Tüte hineinziehen. Beschriftetes Namensetikett anbringen und damit die Teller dekorieren.

**Material**

Handgeschöpftes Papier • runde Schüssel mit ca. 18 cm Durchmesser • Pinsel • Wasser • Alleskleber • Dekorationsbänder • Wattebausch • Frischhaltefolie • Etiketten • je Tüte 3 Stängel Minze

Duft-Minze-Tütchen als Tellerdekoration

Apfel Bärlauch Beinwell Borretsc
Dost Fenchel Gänseblümchen Giersc
Glockenblume Gundermann Holunde
Huflattich Kamille Kapuzinerkresse Kirsch
Knoblauchsrauke Königskerze Kornblum
Kürbis Lavendel Löwenmäulchen Löwenzah
Majoran Malve Melisse Mohn Monard
Nachtkerze Nelke Pfefferminze Quitt
Ringelblume Rose Rotklee Salbe
Sauerklee Schafgarbe Schlehe Schnittlauc
Sonnenblume Stockrose Storchschnabe
Taubnessel Thymian Veilchen Vogelwick
Weißdorn Wiesenschaumkraut Zucchin

# Essbare Blüten

Blüten als kulinarische Delikatessen sind ein Genuss! Doch meist befremdet ihr Vorhandensein in und auf Speisen mehr als die Blätter oder Früchte von Wildpflanzen. Ich empfinde essbare Blüten nicht nur wegen ihrer Buntheit und Formenvielfalt als optische Höhepunkte eines jeden Gerichtes, viele von ihnen haben darüber hinaus auch noch einen eigenen, sehr besonderen, aromatischen Geschmack.

Manche Blüten werden vorrangig ihrer Farbe wegen in Gerichten eingesetzt. Sei es, dass sie selbst als Farbtupfer die Speisen aufwerten oder dass sie Lebensmittelkomponenten verfärben, wie beispielsweise der Safran. Er wird aus der **Krokus**-Blüte gewonnen und verleiht dem Kuchenteig oder Risottoreis eine gelbliche Farbe. Andere wiederum aromatisieren die Lebensmittel, wie **Jasmin, Veilchen, Waldmeister, Mädesüß, Lavendel, Pelargonie, Rose** und **Salbei**. Wieder andere sind ideal, um gefüllt als Fingerfood-Leckerei herzuhalten, wie die **Kamelien-, Löwenmäulchen-, Malven-, Nachtkerzen-, Königskerzen-, Zucchini-** oder die **Kapuzinerkresseblüten**. Manche sind frittiert wahre Gaumenkitzler, so die **Kürbisblüte**. Auch durch Einlegen von Blütenknospen oder jungen Samen in Essig und Öl entstehen bunte Leckerbissen, wie von der **Kapuzinerkresse**, der **Ringel-** oder der **Sonnenblume**. Und manche Blüte ist schlicht und ergreifend ihrer Farbe wegen ein optischer Genuss in Salat oder Kaltspeisen, wie **Kornblume, Lauchblüten, Mohn, Nelke** oder **Aster**.

Bereits in der Antike schätzte man den Aromenreichtum der Blüten. Vor allem **Rosen-, Veilchen-** und **Orangenblüten** galten als Kostbarkeiten und waren Zeichen von Reichtum und des höchsten Genusses.

Obwohl mehr Blüten, als wir gemeinhin vermuten, essbar sind, gibt es auch einige ungenießbare bis giftige. Zu den giftigen Blüten zählen die von Akelei, Anemone, Azalee, Christrose, Eisenhut, Fingerhut, Glyzinie, Herbstzeitlose, Hyazinthe, Iris, Kornrade, Maiglöckchen, Seidelbast, Rizinus, Oleander sowie von Wolfsmilch-Pflanzen. Manche Blüten können in kleinen Mengen verzehrt werden, wirken aber in größeren leicht giftig, wie Tulpe, Waldmeister, Robinie oder Geißblatt.

Generell sollte man Blüten nur essen, deren unbedenkliche Herkunft bekannt ist. Viele Bioläden, Märkte und gut sortierte Supermärkte bieten bereits Blütenmischungen aus eigenem, pestizidfreiem Anbau an. Glücklich ist, wer in seinem eigenen Garten ernten kann. Wer Blüten in der freien Natur pflückt, sollte sich vergewissern, dass diese nicht mit Spritzmitteln oder anderweitigen Verunreinigungen in Berührung gekommen sind. Auch Blumengeschäfte sind in dieser Hinsicht keine empfehlenswerte Einkaufsquelle, da ihre Produkte aus erwerbsmäßigem Anbau stammen und explizit nicht für den Gaumengenuss produziert werden!

Blüten werden zu unterschiedlichen Tageszeiten gesammelt. Die Blüten der Nachtkerze z. B. in den frühen Morgenstunden. Blüten mit ätherischen Ölen eher zur Mittagszeit bei Sonnenschein, wie Lavendel, Rose, Mädesüß und Veilchen. Andere können den ganzen Tag gesammelt werden, Hauptsache sie sehen frisch aus, wie Kapuzinerkresse, Roter Klee oder Mohn. Blüten lassen sich vorzüglich in gut verschlossenen Dosen, ausgelegt mit einem feuchten Tuch, im Kühlschrank aufbewahren. Haltbar machen kann man die Blüten auch durch Einlegen in Öl, Essig, Salz, Zucker oder Alkohol.

1 Nachtkerzenblüten öffnen sich einmalig in der Abenddämmerung, sind in der Nacht erblüht und in den Morgenstunden schon wieder verwelkt. Da ist die Sammelzeit sehr begrenzt.

2 Mein Tipp: Frieren Sie doch bunte Blüten in Eiswürfeln ein. Das gibt Ihren Erfrischungsdrinks im Sommer einen besonderen optischen Akzent.

# Blütenbutter

Im Sommer halte ich immer einen kleinen Vorrat dieser bunten Butter bereit. Auf frischem Baguette oder Dostblütenbrot (Rezept siehe Seite 94) ein Augen- und Gaumenschmaus!

### Zutaten

125 g Butter • 1 Handvoll gemischte Blüten oder Blütenblätter von z. B. Mohn, Löwenzahn, Glockenblume, Gundermann, Taubnessel, Rose, Vogelwicke, Nachtkerze, Ringelblume, Kapuzinerkresse, etc. • einige Blättchen von Sauerampfer, Wiesenknopf und Minze • Prise Salz • Blüten und Blätter zur Dekoration

### Zubereitung

Blüten und Blätter waschen, gut trocken schleudern und fein hacken, mit Salz in die Butter kneten bis es eine gleichmäßig bunte Butter gibt. Ein Gefäß mit Frischhaltefolie auskleiden, die Butter hinein streichen und kühl stellen. Vor dem Servieren die Butter auf einen Teller stürzen und mit Blüten und Blätter dekorieren.

### Mein Tipp:

Die gesammelten Blüten halten sich besonders gut, wenn man sie auf einem feuchten Tuch in eine Frischhaltedose in den Kühlschrank legt.

Blütenbutter

# Sommersalat mit bunten Blüten

Mit diesem Salat tische ich den Sommer auf und mache damit jeden Blütenmuffel zu einem Fan der bunten, leckeren Pracht!

## Zutaten Salat

Gemischter Salat aus Kopfsalat, Lollo Rosso, Endiviensalat und Rucola • Wildpflanzenblätter von z. B. Giersch, Sauerampfer, Schafgarbe, Spitzwegerich, Kleiner Wiesenknopf • Blüten von Glockenblume, Kapuzinerkresse, Kornblume, Mohn, Nachtkerze, Ringelblume, Rose, Roter Klee, Tagetes, etc. nach Belieben gemischt

## Zutaten Dressing

1 bis 2 EL Balsamico oder Fruchtessig • 3 bis 4 EL Zitronenöl (mit Zitronenschalen aromatisiertes Olivenöl) • Salz • Pfeffer

## Zubereitung

Salatblätter waschen und gut trocken schleudern. Blüten zupfen, ggf. Tierchen ausschütteln, von groben Verunreinigungen säubern und zusammen mit dem Salat in einer großen Glasschale mischen. Alle Dressingzutaten gut mit einem kleinen Schneebesen mischen und unmittelbar vor dem Servieren über den in Portionsschalen aufgeteilten Salat geben.

Sommersalat mit bunten Blüten

# Dostblüten-Brot

## im Weckglas

Zur Blütenbutter (siehe Seite 90) auch noch selbstgebackenes Blütenbrot zu reichen, ist die Krönung der Blütenküche. Und alles gelingt kinderleicht!

### Zutaten

1/2 Würfel Hefe • 1/2 TL flüssigen Honig • 50 ml lauwarmes Wasser • 500 g Dinkelmehl Typ 630 • 1 Ei • 2 EL Olivenöl • 3 TL gehackte Dostblüten • 3 EL klein geschnittene getrocknete Tomaten • 3 EL Sonnenblumenkerne • 150 bis 200 ml Wasser

### Zubereitung

Hefe mit Honig in 50 ml Wasser verrühren. Mehl in eine Schüssel geben, eine Mulde formen und die Hefe hineingießen, mit etwas Mehl verrühren. Hefeansatz mit Mehl gut bedecken. Wenn sich sichtbare Risse im Mehl zeigen, alle weiteren Zutaten zugeben. Erst im Mixer und mit Knethaken verrühren, dann von Hand auf einer bemehlten Arbeitsfläche kneten, ggf. Mehl oder Wasser ergänzen bis ein elastischer Teig entstanden ist. Den Teig zur Kugel formen, in eine Schüssel legen, abdecken und eine Stunde bei Zimmertemperatur gehen lassen. Nochmals gut durchkneten. In drei Stücke teilen, jeweils einen Zylinder formen, in die gefetteten Weckgläser geben und oben kreuzweise einschneiden. 15 Minuten gehen lassen. Den Ofen auf 220°C (Umluft 200°C) vorheizen. Gläser einstellen und in ca. 25 Minuten fertig backen. Kurz abkühlen lassen.

Dostblüten-Brot im Weckglas

# Gefüllte Blüten

Auf keiner meiner Steh- und Fingerfood-Parties sollten gefüllte Blüten fehlen. Sie sind einfach der Hingucker, den man gerne probiert und dann geradezu süchtig danach wird!

## Zutaten

100 g Frischkäse • 100 g geräucherter Lachs • Saft einer 1/2 Zitrone • Schale einer 1/4 Zitrone • Pfeffer • Salz • Blüten zum Füllen: Kapuzinerkresse, Stockrose, Glockenblume, Nachtkerze, Malve, ...

## Zubereitung

Alle Zutaten für die Füllung fein pürieren. Blüten ausschütteln, wenn möglich Staubfäden, Stempel und Kelchblätter entfernen. Eine Gefriertüte zum Viertelkreis schneiden, in die „Tüte" die Füllung geben. Die Spitze der Tüte abschneiden, so dass man eine feine Spritzspitze erhält. Blüten füllen und auf einer Platte anrichten, kann pur oder mit geröstetem Brot serviert werden.

Gefüllte Blüten

# Blütenkekse
## (ca. 40 Stück)

Warum nicht mal Teegebäck mit einer essbaren Blütendekoration? Auf Vorrat gebacken, halten diese Cookies – wenn sie nicht vorzeitig von Leckermäulen entdeckt werden – in einer geschlossenen Dose mehrere Wochen.

**Zutaten**

150 g Mehl • 1 gehäufter EL Speisestärke • 1 TL Backpulver • 100 g Butter • 50 g feiner Zucker • 1 Päckchen Vanillezucker • Prise Salz • 2 bis 3 EL Puderzucker • etwas Wasser • Blüten oder Blütenblätter zum Belegen, z. B. von Kamille, Kornblume, Malve, Mohn, Ringelblume, Veilchen, ...

**Zubereitung**

Mehl mit Stärke und Backpulver mischen. Butter mit Zucker, Vanillezucker und Salz cremig rühren, dann ca. die Hälfte der Mehlmischung unterrühren, den Rest mit den Händen unterkneten. Den Teig auf einer bemehlten Fläche 0,5 bis 1 cm dick ausrollen. Mit Ausstechförmchen entsprechende Kekse ausstechen, auf ein mit Backpapier belegtes Backblech setzen, eine Stunde im Kühlschrank ruhen lassen. Backofen auf 180°C (Umluft 160°C) vorheizen. Kekse in ca. 18 bis 20 Minuten goldgelb backen.
Abkühlen lassen. Puderzucker mit wenig Wasser verrühren. Zuckerguss einzeln auf die Kekse pinseln und sofort mit den Blüten verzieren. Trocknen lassen.

**Mein Tipp:**

Besonders schön machen sich diese attraktiven wie leckeren Kekse, wenn sie auf einer Etagere präsentiert werden. Auf der Teetafel ein wahrer Genuss!

Blütenkekse

## Salz „Blütenfeuerwerk"

Dieses bunte Salz ist gut als Tischsalz zu verwenden, passt auch zu Sushi, Nudelgerichten, Reisgerichten, Salaten oder auf einem Butterbrot!

**Zutaten**

Blüten von Hibiskus, Rose, Ringelblume, Kamille, Lavendel, Thymian, Salbei etc. • 50 g Salz (z. B. Fleur de Sel) • 1/2 TL Zucker

**Zubereitung**

Blütenblättchen ohne Grünanteile vorsichtig abzupfen und im Schatten gut trocknen lassen. Getrocknete Blütenblätter entweder mit dem Messer klein schneiden oder zwischen den Fingern zerreiben, nicht pulverisieren. Dann mit Salz und Zucker gründlich mischen und abfüllen.

**Tipp 1**

Wer es lieber einfarbig mag, kann natürlich auch nur Rosenblütenblätter, oder nur Lavendelblüten mit Salz vermengen.

**Tipp 2**

Das macht man nur für sehr gute Freunde: eine Salzbar selber basteln, bestücken und verschenken. Bastelanleitung kann im Internet (www.blooms.de/wildpflanzenbuch-service) herunter geladen werden.

Salz „Blütenfeuerwerk“

# Serviettenringe
## mit Trockenblüten

Für diese schmucke und praktische Idee können Sie über den Sommer hinweg Blüten sammeln. Diese an einem luftigen, aber nicht sonnigen Ort trocknen lassen, dann in gut schließenden Gläsern aufbewahren. Sind genügend getrocknete Blüten vorhanden, lassen sich damit schnell und einfach Serviettenringe erstellen.

Dazu ca. 3 cm breite Ringe von einer stabilen Pappröhre abschneiden. Ränder mit einer Feile säubern. Die Pappringe außen mit Kleister oder Alleskleber bestreichen und direkt in den getrockneten Blüten wälzen. Ob als bunte Farbmischung oder monofarblich voneinander getrennt, ist Geschmackssache. Die Blüten gut andrücken, damit nichts mehr abrieseln kann. Dann die gerollten Servietten hindurch stecken und auf die Tafel legen. Wer es sich etwas einfacher machen will, kann auch eine gekaufte Blütenteemischung hierfür verwenden.

### Material
Pappröhre mit ca. 6 cm Durchmesser • feine Säge oder Brotmesser • Feile • Kleister oder Alleskleber • getrocknete Blüten, entweder als Mischung oder farblich voneinander getrennt • Stoffservietten

Serviettenringe mit Trockenblüten

# Vase mit Blütendekor
## für Blätter und Gräser

Mit diesen Väschen stellen Sie alles auf den Kopf! Die bunte Blütenvielfalt kommt unten als Vasendekor zur Geltung und oben gibt's anstelle blühender Blumen Gräser und schlichte grüne Kräutersträußchen. Glasbecher mit einem Streifen doppelseitigen Klebeband versehen. Hierauf getrocknete Blüten kleben, als bunte Mischung oder farblich separiert – je nach Lust und Laune. Dann mit Grün füllen, beispielsweise mit einem Salbeisträußchen oder mit gebündeltem, auf gleiche Länge geschnittenem Gras, das wiederum mit einzelnen Gräserblüten besteckt wird. Ein Tischschmuck, der lange Freude bereitet!

**Material**
Bechergläser • doppelseitiges Klebeband • Schere • getrocknete Blüten, entweder als Mischung oder farblich voneinander getrennt • Kräuterbund oder Gräser-/-blütenhalme

**Mein Tipp:**
Legen Sie die Blüten zum Trocknen auf ein Tablett, das sieht nicht nur schön aus, sondern Sie haben die Blüten auch für die Dekorationsideen schnell zur Hand.

Vase mit Blütendekor

1

2

3

4

# Wiesen-Bärenklau

## Wiesen-Bärenklau, Doldenblütler
***Heracleum sphondylium,** Apiaceae*

Viele meinen, auch der Wiesen-Bärenklau sei gefährlich. Diesen Ruf hat er seinem aus dem Kaukasus stammenden Verwandten, dem Riesen-Bärenklau bzw. der Herkulesstaude (*Heracleum mantegazzianum*), zu verdanken. Bei ihm kommt es nachweislich bei Hautkontakt mit dem Pflanzensaft und Sonneneinstrahlung zu starken Verbrennungserscheinungen. Dieses Potenzial hat unser heimischer Wiesen-Bärenklau zum Glück nicht. Stattdessen begeistert er durch einen frischen, an Karotten oder Sellerie erinnernden Geschmack und zählt zu den schmackhaftesten Wildpflanzen in der Wildpflanzenküche.

### Generell

**Pflanze:** bis 1,5 m groß werdende, ausdauernde, Staude mit aufrechtem, kantig-gefurchtem, borstig behaartem, hohlem Stängel, in der oberen Hälfte verzweigt. **Blätter:** im vorderen Bereich an eine Bärentatze erinnernd, fast ungeteilte oder drei- bis vierfach gelappte bis fiederteilige Blätter, bis 60 cm lang werdend, weich behaart. **Blüte:** Mai bis September, unangenehm stark duftend, weiß, cremefarben oder grünlich-weiß, endständig in abgeflachter Doppeldolde. Randblüten deutlich größer als die inneren. **Früchte:** Juli bis Oktober, um 8 mm lang, breit-eiförmig, flach, dünn gerippt. **Verbreitung:** in ganz Europa, besiedelt Wiesen, Weg- und Waldränder.

### Verwendung und Geschmack

Blätter und Blattstängel des Wiesen-Bärenklaus können von Mai bis September geerntet werden. Die jungen, zarten **Blätter** haben von April bis Mai oder nach Neuaustrieb ein ganz besonders feines Aroma, das an Möhren, Sellerie oder auch an Gurken erinnert. Sie eignen sich roh und fein geschnitten hervorragend in Salaten. Größere und festere Blätter bereichern Aufläufe, Soufflés oder Quiches und sind auch überbacken eine Delikatesse. Die dicken, knackigen und fleischigen **Blattstängel** werden abgeschrubbt und mögliche Fasern abgezogen, dann lassen sie sich ebenfalls roh zu Salaten oder gedünstet als Gemüse wie Mangold oder Spargel einsetzen. Die **Blütenknopsen** sind besonders aromatisch, sie eignen sich als Rohkost zu Dipps, als Brotbelag oder als Beigabe zu Salaten. Gedünstet sind sie, ähnlich wie Brokkoli, eine Köstlichkeit. Allerdings sollten noch geschlossene Blüten besonders gründlich gesäubert werden, da sich darin oft kleine Tiere befinden. Die noch unreifen grünen, aromatischen **Samen** würzen Süßspeisen, reife Samen sind dagegen recht scharf.

### Sammelort und Erkennungsmerkmale

Auf nährstoffreichen, feuchten Wiesen ist der Wiesen-Bärenklau aufgrund seiner nahezu alles überragenden Größe gut auszumachen. Vor allem seine großen, wenig oder grob geteilten, weich behaarten Blätter sowie die flachen robusten Blütenstände fallen in der sommerlichen Wiese sofort auf. Empfindliche Menschen sollten beim Ernten Handschuhe tragen, da es manchmal zu allergischen Hautreaktionen kommen kann. Verwechselt werden könnte der Wiesen-Bärenklau im Jungstadium mit dem Riesen-Bärenklau (*Heracleum mantegazzianum*), der allerdings eher spitz zulaufende Blätter aufweist, die nur unterseits kurz behaart sind, und der ausgewachsen bis zu 5 m hoch werden kann.

1 Eine wahre Delikatesse! Der Knospenstand im Frühjahr ergibt ein köstliches Gemüse. Geschmacklich erinnert dies an eine Mischung aus Brokkoli und Sellerie.

2 Ein Prachtexemplar! An feuchten, schattigen, nährstoffreichen Standorten kann der Wiesen-Bärenklau auch mal „frauhoch" werden.

3 Auffallend an dem Blütenstand des Wiesen-Bärenklaus ist, dass die äußeren Blüten größer sind als die inneren und die Blütenblätter deutlich gelappt sind.

4 Auf Wiesen und an lichten Wegrändern fühlt sich der Wiesen-Bärenklau besonders heimisch.

# Wiesen-Bärenklau-Stängelsalat
## an Rührei

Ein Rezept, welches immer wieder Erstaunen darüber auslöst, wie zart und lecker diese eigentlich kratzigen Stängel sein können.

**Zutaten**
80 g Wiesen-Bärenklau-Blattstängel

**Zutaten Dressing**
6 EL Distelöl • 8 TL Zitronensaft • 1/2 TL Dillspitzen • 1 Prise Salz

**Zutaten Rührei**
Öl für die Pfanne • 4 Eier, verschlagen • Salz • Pfeffer

**Zubereitung**
Wiesen-Bärenklau-Blattstängel am besten mit einem Stahlschwamm unter fließendem Wasser abschrubben, bis die Oberfläche glatt ist. Grobe Fasern vom Blattende her abziehen, dann quer zur Faser in dünne Scheiben schneiden. Dressingzutaten anrühren und über die Wiesen-Bärenklau-Stängel geben.
Öl erhitzen und die Eier unter gelegentlichem Rühren stocken lassen. Auf vier Teller verteilen und mit dem Wiesen-Bärenklau-Stängel-Salat anrichten.

Wiesen-Bärenklau-Stängelsalat an Rührei

# Wiesen-Bärenklau-Lasagne

Diese Lasagne schmeckt so herzhaft lecker, dass meine Gäste manchmal nicht glauben, dass sie vegetarisch ist.

## Zutaten

200 g Wiesen-Bärenklau • 200 g gemischte Kräuter wie Beinwell, Sauerampfer, Giersch, Brennnesseln • 100 g Spinat • 100 g Porree • 1 EL Butter • 1 Dose geschälte Tomaten (400 g Inhalt) • 2 Kugeln Mozarella (250 g) • Salz • Pfeffer • 160 g Lasagneplatten (ohne Vorkochen) • 100 g Parmesan, frisch gerieben

## Zutaten Bechamelsoße

75 g Butter • 50 g Maismehl oder Vollkornmehl • 500 ml Milch • Muskat

## Zubereitung

Wildkräuter waschen, trocknen und fein hacken. Lauch putzen, waschen, in feine Streifen schneiden und in 1 EL Butter andünsten. Kräuter dazugeben und zusammenfallen lassen. Tomaten klein schneiden und unter die Kräuter mischen. Offen bei mittlerer Hitze etwa 15 Minuten köcheln lassen, mit Salz und Pfeffer abschmecken.

Für die Bechamelsoße Butter schmelzen und Mehl darin anschwitzen. Milch unter Rühren dazugießen und die Soße ca. 10 Minuten bei schwacher Hitze köcheln lassen, mit Muskat abschmecken. Mozarella in kleine Würfel schneiden. Den Backofen auf 180°C vorheizen. Eine gefettete, feuerfeste Form mit Nudelplatten auslegen, einen Teil der Kräutersoße darübergeben, mit Mozarella und Parmesan bestreuen und mit Bechamel übergießen. Die Schichten wiederholen, mit Bechamelsoße enden.
Lasagne im Ofen (Mitte, Umluft 160°C) etwa 40 Minuten backen, bis sie weich und gebräunt ist.

## Mein Deko-Tipp:

Die Doldenstrahlen des Wiesen-Bärenklaus nehmen gerne eine Blüte auf, die dann wie schwebend über dem Essen ruht.

Wiesen-Bärenklau-Lasagne

# Wiesen-Bärenklau-Knospen

## zu Filet auf Kräuterstroh

Der Aufwand lohnt sich! Das knackige Gemüse zum Fleisch mit dem Kräuteraroma – einfach eine außergewöhnliche Komposition.

### Zutaten für Brotteig zum Verschließen

5 g Hefe • 10 ml lauwarmes Wasser • 100 g Dinkelmehl • 40 ml Wasser • 1 Prise Salz

### Zutaten Brombeer-Holundersoße

100 g Brombeeren • 100 g Holunderbeeren • 100 g Apfel • 1 Stück frischer Ingwer, kirschgroß • 1 Zimtstange • 1/4 Zitrone, unbehandelt; abgeriebene Schale • 30 g Zucker • 2 EL Balsamicoessig • 50 ml Rotwein • 30 g Butter

### Zutaten Wiesen-Bärenklau-Knospen

60 g Wiesen-Bärenklau-Knospen • Salz • Muskat • 2 EL Butter

### Zutaten Filet auf Kräuterstroh

4 Rinderfiletscheiben à ca. 150 g • 1 EL Öl • Kräuterheu von z. B. Dost, Rosmarin, Thymian, Johanniskraut, Schafgarbe, Beifuß

### Zubereitung Brotteig

wie Rezept Dostblüten-Brot (siehe Seite 94).

### Zubereitung Brombeer-Holundersoße

Brombeeren und Holunderbeeren verlesen, waschen, gut abtropfen lassen, entkelchen und entstielen. In einen Topf geben und leicht zerdrücken. Apfel waschen, schälen, vierteln, das Kerngehäuse entfernen und fein würfeln. Alles zusammen zugedeckt ca. 10 Minuten kochen lassen. Durch ein Sieb streichen und das Fruchtmark dabei auffangen. Ingwer schälen und fein raspeln, mit Zimtstange, Zitronenschale, Zucker, Essig und Rotwein zum Fruchtmark geben und unter ständigem Rühren zu einer dicklichen Masse einkochen. Zimtstange entfernen.

Vor dem Servieren die Butter kräftig in die Soße einrühren.

### Zubereitung Wiesen-Bärenklau-Knospen

Knospen waschen und in Salzwasser kurz blanchieren (1 bis 2 Minuten). Abtropfen lassen, in flüssiger Butter schwenken und mit Salz und Muskat würzen.

### Zubereitung Filet auf Kräuterstroh

Backofen auf 220°C vorheizen. Filets mit Öl einpinseln, von allen Seiten jeweils eine Minute scharf anbraten. Die Auflaufform großzügig mit getrockneten Kräutern auslegen und die angebratenen Filets darauf legen. Aus dem Brotteig eine lange Wurst formen, auf den Rand der Form drücken und mit dem Deckel verschließen. Sieben Minuten im Ofen garen. Ofen ausstellen, noch drei Minuten nachziehen lassen, dann herausnehmen und weitere fünf Minuten ruhen lassen. Wegen der Kräuteraromen die Form erst am Tisch öffnen.

**Mein Tipp:**

Fürs Anbraten die Filets mit Öl bepinseln und Pfanne trocken erhitzen. Dann spritzt es weniger beim Anbraten des Fleisches.

Wiesen-Bärenklau-Knospen
zu Filet auf Kräuterstroh

# Gipsteller mit Wiesen-Bärenklau-Abdruck

### Zubereitung

Für Gebäck oder auch nur als Schmuckstück eignet sich dieser selbst gestaltete Teller. Den Plastik- oder Pappteller gleichmäßig ca. 3 cm dick mit Gipsmasse bestreichen. Dabei versuchen, den Rand als auch die obere Fläche möglichst glatt mit einem Spachtel abzuziehen. Dann zwei texturstarke, schöne Blätter des Wiesen-Bärenklaus mit der Unterseite in die noch feuchte Masse drücken, eventuell mithilfe eines Löffelstiels einzelne Bereiche sanft nachdrücken, so dass ein möglichst vollständiger Abdruck der Blätter entsteht. Alles an einem kühlen Ort, wie beispielsweise im Keller, trocknen lassen. Nach 24 Stunden die getrockneten Blätter vorsichtig abziehen, ggf. Angetrocknetes mit einem Pinsel oder einer weichen Bürste entfernen, ohne die Gipsgrate zu beschädigen. Wer möchte, kann den Teller für eine bessere Haltbarkeit anschließend mit Lack besprühen

### Material

Gipsmasse, gebrauchsfertig • Spachtel • Einweg-Papp- oder Plastikteller • 2 Blätter Wiesen-Bärenklau • weiche Bürste oder Pinsel • je nach Wunsch Sprühlack

Gipsteller mit Wiesen-Bärenklau-Abdruck

## Glasvase mit puscheligem Naturlook

Die puschelig wirkenden Samenstände vom Wiesen-Bärenklau geben Vasen einen besonderen Naturlook. Dazu werden diese von den Dolden geschnitten. Dann die untere Hälfte einer Weithals-Milchglasflasche ca. 0,5 cm dick mit Gipsmasse bestreichen und sofort die Samenstände dicht an dicht hinein drücken. Flaschenhals mit einem Schmuckband versehen. Dann Stängel mit getrocknetem Samenstand vom Wiesen-Bärenklau (ohne Wasser) einstellen. Für die Kapuzinerkresse-Blüte wird aus dem Stängel des Japanischen Knöterichs eine Art Vase geschnitten, dafür den hohlen Stängel einmal knapp unterhalb der Blattansätze (Nodien) abschneiden und in gewünschter Länge oberhalb im hohlen Internodienbereich. Den Stängel mit Wasser füllen, Blüte einstecken und beides zusammen mit in die Flasche geben. So wird die Blüte mit Wasser versorgt, ohne dass die Trockenstaude nass wird und zu faulen anfängt.

### Material

Kleine Klarglasflaschen • Gipsmasse, gebrauchsfertig • Spachtel • noch grüne Samenstände vom Wiesen-Bärenklau • Dekorationsband • Stängel vom Japanischen Knöterich • Messer • Kapuzinerkresse-Blüte

Erkennungs-Merksatz von Dr. Brigitte Klemme:

*Ist der Stängel kantig rau,*
*ist es Wiesen-Bärenklau.*

Glasvase mit puscheligem Naturlook

1

2

3

4

# Kornelkirsche

Kornelkirsche, Gelber Hartriegel, Hartriegelgewächse
***Cornus mas**, Cornaceae*

Geradezu als eine vergessene Wildfrucht nehme ich die Kornelkirsche wahr. Selbst wenn sie in Parkanlagen oder Gärten als Zierstrauch gerne und häufig angepflanzt wird, ist die kulinarische Verwendung ihrer roten Früchte, den Kornelkirschen, geradezu unbekannt. Zu unrecht finde ich, denn für mich gehören die aromatischen, knallroten Früchte mit zu meinen Lieblingswildfrüchten.

## Generell

**Pflanze:** bis 8 m groß werdender, winterharter Baum oder Strauch mit gegenständig verzweigten Ästen. **Blätter:** gegenständig, eiförmig-elliptisch, 4 bis 10 cm lang, oben glänzend, angedrückt behaart, hellgrün mit 3 bis 5 bogenförmig zur Spitze hin zulaufenden Blattadern. **Blüte:** ca. 0,4 cm groß, gelb, mit vier Kronblättchen, stark duftend, im zeitigen Frühjahr von März bis April vor dem Laubaustrieb. **Früchte:** von August bis Oktober, olivenförmige, bis 2 cm große, ovale, hell- bis dunkelrote Steinfrüchte mit länglichem Stein. **Verbreitung:** halbwild in Süd- und Mitteleuropa, z. T. gepflanzt in Parks, Gärten, als Heckenstrauch in der Straßenbegrünung.

## Verwendung und Geschmack

Die zuerst hellroten, später dunkelroten und bei voller Reife leicht mürbe werdenden **Früchte** sind roh ein köstlicher Genuss und ein Vitamin C-Lieferant ohnegleichen. Ihr Geschmack ist säuerlich-süß bis johannisbeerartig mit leichter Marzipan- bis Himbeernote. Aus den vollreifen Früchten lässt sich hervorragend Fruchtsaft, Fruchtmus, Kompott oder Marmelade herstellen, auch roh sind sie dann eine Spezialität und geben Kuchen eine fruchtige Komponente. Mit den festeren Früchten setzt man einen Likör auf oder legt sie in eine Salzlake ein und wandelt sie zu sogenannten „Oliven" – einem pikanten Snack. Die **Blüten** mit ihrem zarten, süßlichen Aroma bereichern im März bis April frühlingshafte Kräutertees.

## Sammelort und Erkennungsmerkmale

Dieser dekorative wie ausgesprochen nützliche Strauch findet sich in unseren Breiten an vielen Stellen. Vor allem im halbkultivierten Garten- und Landschaftsbau ist er ein beliebtes da widerstandsfähiges und anspruchsloses Ziergehölz mit sehr hartem Holz und daher langsamem Wachstum. Im Frühling gehört er zu den ersten gelbblühenden Sträuchern, dann sollte man sich seinen Standort merken, damit man ihn im Herbst zum Ernten der Früchte wiederfindet. Verwechseln kann man die Kornelkirsche im noch nicht fruchtenden Stadium mit seinem Verwandten, dem Roten Hartriegel (*Cornus sanguinea*). Er hat jedoch sehr kleine und schwarze Früchte, die giftig sind, so dass im Fruchtstadium eine Verwechslung nahezu ausgeschlossen ist.

1 Im frühen Frühjahr zeigen sich als erstes die kleinen hellgelben Blüten des Kornel-Hartriegels am noch unbelaubten Holz. Jetzt sollte man sich die Standorte merken.

2 Die roten Kirschen sitzen meist unter den Blättern, so dass sie nicht so leicht aus der Ferne auszumachen sind.

3 Glücklich, wer einen guten Sammelstandort gefunden hat und ein Körbchen voller Kornelkirschen nach Hause tragen kann.

4 Einen herrlichen Anblick stellen die leuchtend roten Beeren bei ausgewachsenen Bäumen vor dem noch grünen Herbstlaub des Hartriegelstrauches dar.

# Kornelkirschen-Butter

## mit Kornelkirschen-Oliven

Ein guter Auftakt als Amuse geule. Die säuerlich-salzigen Beeren geben der Butter eine interessante Note und eine schöne Farbe. Sehr lecker zu frischem Weißbrot oder Toast.

### Zutaten Kornelkirschen-Butter

125 g Butter • 10 eingelegte Kornelkirschen-Oliven

### Zubereitung

Fruchtfleich vom Stein lösen, Fruchtfleisch klein schneiden und unter die weiche Butter kneten. Kühlstellen, dann mit einer Eiskugelzange zu kleinen Bällchen formen. Teller mit je einer Butterkugel anrichten, dazu Toast reichen, sowie in Öl und Essig eingelegte Kornelkirschen-Oliven.

### Zutaten Kornelkirschen-Oliven

500 g Kornelkirschen • 1 l Wasser • 400 g Meersalz • 1 Nelke • 1 Lorbeerblatt • 1 Bund Thymian

### Zubereitung

Wasser mit Kräutern, Gewürzen und Salz aufkochen, bis sich das Salz gelöst hat. Kornelkirschen waschen, in ein hohes Gefäß geben und mit dem heißen (ca. 70°C bis 80°C), aber nicht mehr kochenden Gewürzsud übergießen bis sie bedeckt sind. Das Gefäß gut verschließen (**Mein Tipp:** Bügelverschluss-Gläser eignen sich sehr gut). In der ersten Woche das Gefäß schwenken, so dass die Kirschen gut von der Salzlösung benetzt sind. Mindestens fünf Monate ziehen lassen, sie halten sich in der Salzlösung bis zu einem Jahr. Kirschen nach Bedarf in ein Sieb gießen, einen Tag wässern und einen Tag trocknen lassen. Mit Chili, Knoblauch oder mediterranen Gewürzen in Schraubgläser geben und mit Olivenöl übergießen. Nach mindestens 4 Stunden in Öl sind die Kornelkirschen-Oliven genussfertig, je länger sie im Öl liegen, um so milder werden sie.

### Mein Tipp:

Ich bereite immer einige Kornelkirschen-Oliven vor und lagere sie im Kühlschrank. Verschlossen sind sie bis zu einem Monat haltbar.

Kornelkirschen-Butter mit Kornelkirschen-Oliven

## Kornelkirschen-Chutney

Mit dieser farblich intensiv roten Crème gebe ich kaltem Braten den fruchtigen Pfiff. Passt aber auch anstelle der üblichen Preiselbeermarmelade zu gebratenem Fleisch und besonders zu Wild.

### Zutaten

1 kg Kornelkirschen • 500 ml Rotwein • Gelierzucker 1:1 • 1 EL frischen Ingwer, gerieben • 1/2 TL Muskatblüte, gemahlen • 2 EL Orangenschale, ungespritzt • 2 EL Zitronenschale, ungespritzt

### Zubereitung

Kornelkirschen in Rotwein aufkochen. Früchte etwas zerdrücken und durch ein Sieb streichen. Das Fruchtmus abwiegen und die gleiche Menge Gelierzucker dazugeben. Mit Ingwer, Orangen- und Zitronenschale mischen, aufkochen und in heiß ausgespülte Gläser füllen. Oder sofort zu kurz gebratenem Fleisch mit Bohnen servieren.

### Mein Tipp:

Natürliche lege ich mir für den Winter einen kleinen Vorrat an, dann hat man mit jedem Glas noch mal den Spätsommer auf der Zunge.

Kornelkirschen-Chutney

# Kornelkirschen-Birnen-Marmelade

**Zutaten**

600 g vollreife, süße Birnen • 500 g Kornelkirschen-Fruchtmus • 500 g Gelierzucker 2:1 • Saft einer Zitrone • 1 TL Zimt

**Zubereitung**

Kornelkirschen waschen, mit etwas Wasser 3 bis 5 Minuten weich kochen. Die Fruchtmasse durch ein Sieb in einen Topf streichen (oder mit der „Flotten Lotte“ passieren). Birnen schälen, entkernen und in kleine Stücke schneiden, mit Gelierzucker und Zitronensaft zu dem Fruchtmus geben. Unter ständigem Rühren die Masse zum Kochen bringen und wenigstens 4 Minuten sprudelnd kochen lassen. Gelierprobe machen, falls die Marmelade noch nicht gut geliert 2 Minuten weiter kochen.

**Zubereitung Kornelkirschen-Fruchtmus**

Kornelkirschen waschen, in etwas Wasser aufkochen und 3 bis 5 Minuten köcheln lassen. Fruchtmasse durch ein Sieb streichen oder durch eine „Flotte Lotte“ passieren. Dann Weiterverarbeiten wie in den Rezepten beschrieben. 600 g Kornelkirschen in 100 ml Wasser gekocht, ergibt ca. 500 g Fruchtmus.

Kornelkirschen-Birnen-Marmelade

# Kornelkirschen-Crème

Ein gar köstlicher Abschluss zu jedem Essen – das passt immer.

### Zutaten

400 g Kornelkirschen • 100 ml Wasser • 250 ml trockener Weißwein • 100 g Zucker • 60 g Gries • 100 ml Sahne

### Zubereitung

Kornelkirschen im Wasser weich kochen und durch ein Sieb streichen. Mit Weißwein aufkochen und Zucker und Gries einrühren. 10 Minuten unter Rühren weiterkochen, abkühlen lassen. Sahne steif schlagen und unter den erkalteten Brei ziehen. In Schälchen oder Gläser füllen und vor dem Servieren im Kühlschrank kalt stellen.

Kornelkirschen-Crème

# Smoothie mit Kornelkirschen

Ein erfrischendes, genussvolles Getränk für die letzten Sommertage oder die ersten noch warmen Herbsttage.

### Zutaten

2 Äpfel • 250 g Kornelkirschen-Fruchtmus (siehe Rezept Seite 124) • 2 vollreife Bananen • 200 ml Wasser • 100 ml Apfelsaft • Saft einer Zitrone • 10 Blättchen Pfefferminze

### Zubereitung

Äpfel schälen, entkernen und in Stücke schneiden, Bananen schälen und in kleine Stücke brechen, mit Kornelkirschen-Fruchtmus, Wasser, Apfel- und Zitronensaft in einen Mixer füllen und fein pürieren. Gekühlt mit Strohhalm servieren, ein erfrischendes, genussvolles Sommergetränk.

Smoothie mit Kornelkirschen

# Glas-in-Glas-Dekoration

Die leuchtend roten Kornelkirschen geben diesem gesteckten Blütenschmuck die attraktive Basis. Das kleinere oder innere Glas mit gewässertem Steckschaum füllen und auf Glasrandhöhe abschneiden. Gläser ineinander stellen und zum Befüllen des Zwischenraums feste, rote Kornelkirschen aussuchen, damit sie nicht zerdrücken. Zum Abschluss mit Blüten, Gräsern und Wiesenknopfblüten bestecken.

Alternativ können auch die Kirschsteine der Kornelkirschen, die beim Entsteinen der Kirschen für das Mus anfallen (siehe Rezept Seite 124) hier die attraktive Struktur abgeben. Die Kirschsteine sollten vor dem Einsatz restlos vom Fruchtfleisch gesäubert werden und trocken sein.

### Material

1 größeres und ein kleineres Glasgefäß • Frischblumen-Steckschaum • 3 rote Dahlien • Wiesenknopfblüten • Gräser • ca. drei Hände voll Kornelkirschen

Glas-in-Glas-Dekoration

## Zweige-Set

Die wunderbaren grün- bis rotrindigen glatten Zweige des Hartriegels reizen mich, daraus kleine Sets zu basteln. Hierzu sammle ich möglichst gleichlange, gerade Zweigabschnitte, die ich mittels Draht zu einer kleinen Matte verbinde. Dazu zweimal Bindedraht in der doppelten Länge der zu erwarteten Setgröße abschneiden, in der Mitte des Drahtes eine kleine Schlaufe biegen und hier hinein ca. 5 cm eines Zweiges einschieben. Durch zweimaliges Verdrehen der Drahtenden den Zweig befestigen. Mit dem zweiten Draht am anderen Ende ebenso verfahren. Nun einen zweiten Zweigabschnitt parallel zum ersten an die beiden Drahtstellen anlegen und wiederum mit den Drahtenden verdrehend fixieren. Ich achte immer darauf, beim Verdrehen stets in die gleiche Richtung zu drehen, das sieht später schöner aus. So weitermachen, bis die gewünschte Setgröße erreicht wurde. Dann seitlich alle Zweigenden auf ungefähr gleiche Länge schneiden und das Dekoband einflechten.

**Material**
Ca. 30 gerade ca. 30 cm lange Zweigabschnitte • Bindedraht • rotes Dekorationsband • Zange • Schere • Rosenschere

**Mein Tipp:**
Auf meinen Spaziergängen halte ich immer Ausschau nach geraden Zweigabschnitten. So sammle ich mir einen kleinen Vorrat an, der dann sogar zur Herstellung mehrerer Sets oder eines langen Tischläufers reicht. Schön ist auch, wenn man die Zweige unterschiedlicher Gehölzen mischt.

Zweige-Set

1

2

3

4

# Eberesche

Eberesche, Vogelbeere, Rosengewächse

***Sorbus aucuparia**, Rosaceae*

Hartnäckig hält sich die Mär, Vogelbeeren seien giftig. Die Beeren enthalten bitter schmeckende Parasorbinsäure, die dosisabhängig zu Magenproblemen führen kann, aber durch Frosteinwirkung, Trocknen und Kochen abgebaut wird. Zum Glück enthalten bestimmte Kultursorten, vor allem die Mährische Vogelbeere (*Sorbus aucuparia var. moravica*), deutlich weniger dieses Inhaltsstoffes. Deshalb suche ich nach Bäumen mit größeren Beeren, die beim Probieren eher süß und weniger bitter schmecken.

## Generell

**Pflanze:** bis 15 m, selten höher werdenden, strauchig oder als Baum wachsend. **Blätter:** bis 20 cm lang und 11 cm breit, wechselständig, unpaarig gefiedert mit 11 bis 19 länglichen, scharf gezähnten Fiederblättchen mit grüner Blattober- und graugrüner behaarter -unterseite. **Blüte:** Mai bis Juni, 10 mm groß, weiß bis cremeweiß, bis zu 200 Einzelblüten in einer filzigbehaarten Schirmrispe. **Früchte:** August bis November, ca. 1 cm im Durchmesser, kugelig, apfelähnlich, leuchten rot-orange. **Verbreitung:** fast in ganz Europa vorkommend, besiedelt Brachflächen, Hecken, Wälder, Gärten.

## Verwendung und Geschmack

Vogelbeeren enthalten viel Vitamin C, die wilden Sorten auch die bitter schmeckende Parasorbinsäure. Diese baut sich durch Frosteinwirkung ab, dafür legt man die Früchte für wenigstens drei Monate oder länger ins Gefrierfach – je länger sie eingefroren sind, um so milder werden sie. Besser ist es jedoch, wenn vorhanden, von kultivierten, wie der Mährischen Vogelbeere (*Sorbus aucuparia var. moravica*) zu ernten. Die **Blüten** mit ihrem sauren, mandeligen Geschmack finden im Mai und Juni geerntet als Gewürz in Süßspeisen oder als Teeaufguss Verwendung.
Die sauer bitteren **Früchte** ab Herbst erstmal einfrieren. Später lassen sie sich zu köstlichem Mus, zu süßlichen Marmeladen bzw. Gelees oder pikanten Chutneys und Soßen verkochen. Getrocknet bereichern sie Müslis, Brot, Kompott, Kuchen, Süßspeisen und dienen als Dekoration. Die Früchte sollten nicht in größeren Mengen roh verzehrt werden, dies kann zu Durchfall und Erbrechen führen – der herbe, gallebittere Geschmack hindert in der Regel daran.

## Sammelort und Erkennungsmerkmale

Die Eberesche ist recht anspruchslos und findet sich in Hecken, Parks, an Wegen, Waldrändern oder auf Lichtungen. Im Herbst bis in den Winter hinein verraten uns die leuchtend orangeroten, hängenden Fruchtstände die Standorte der Eberesche. Je größer die einzelnen Beeren sind und umso weniger die einzelnen Fiederblätter gezähnt sind, umso eher ist es eine kultivierte Eberesche mit sauer-süßen Früchten. Vögel, besonders Amseln und Drosseln, schätzen die kleinen, apfelähnlichen Früchte als Nahrung und verbreiten so ihre Samen, wie es der Name Vogelbeere schon vermuten lässt. Verwechseln kann man die einzelnen Arten nur untereinander, die jedoch alle verarbeitet werden können.

1 Wenn man erstmal den richtigen Baum gefunden hat, ist ein kleines Körbchen schnell gesammelt.

2 Im späten Frühjahr blüht die Eberesche weiß mit bis zu 15 cm breiten Schirmrispen.

3 Den meisten Menschen fällt der Baum durch seine schönen, leuchtenden, orange-roten Früchte auf.

4 Diese verlockenden Früchte waren für mich leider unerreichbar.

# Ebereschen-Birnen-Gelee

## an Leberpastete

### Zutaten

1 kg Ebereschenbeeren (Vogelbeeren) • 1 kg reife Birnen ('Williams' oder 'Conference') • 4 EL Zitronensaft • 1 Vanilleschote • 1 kg Gelierzucker 1:1

### Zubereitung

Vogelbeeren waschen und gut abtropfen lassen und wenigstens für eine Nacht einfrieren. Beeren sorgfältig von den Stielen pflücken. Birnen waschen, vierteln und mit Schale und Kerngehäuse in Scheiben schneiden. Die Früchte mit dem Zitronensaft in ca. einer Stunde im geschlossenen Topf gut weichkochen. Ein großes Sieb mit einem feuchten Tuch auslegen und die Fruchtmasse hineinfüllen. Am besten über Nacht abtropfen lassen, dann wird das Gelee schön klar. Alternativ das Tuch mit der Fruchtmasse auspressen, dann wird das Gelee etwas trüb.

1 Liter Fruchtsaft abmessen und mit ausgekratztem Vanillemark, Vanilleschote und Gelierzucker bei starker Hitze unter Rühren zum Kochen bringen. 4 Minuten sprudelnd kochen lassen und ständig weiterrühren, vom Herd nehmen und die Vanilleschote herausnehmen. Direkt in vorbereitete Schraubgläser füllen und fest verschließen.

### Mein Tipp:

Das Gelee passt besonders gut zu Leberpastete, Wild-Paté und aromatischem Käse.

### Mein Tipp:

Normale Ebereschen verlieren ihre Bitterkeit erst nach wenigstens drei Monaten im Gefrierschrank!

Ebereschen-Birnen-Gelee an Leberpastete

# Ebereschen-Mango-Chutney
## zu Scampi

Am Ende eines warmen Herbsttages ist dieses leichte Gericht einfach prädestiniert den Hauptgang zu stellen – zur Freude meiner Gäste.

### Zutaten

2 reife Mangos • 2 EL Zitronensaft • 75 g Ebereschenbeeren (mährische oder eingefrorene) • 1 Zwiebel • 2 Knoblauchzehen • 30 g frischer Ingwer • 1 frische rote Chilischoten • 150 g Zucker • 150 ml Weißwein oder Apfelsaft • 2 TL Currypulver (mild oder scharf) • 1 TL Kurkuma • 5 EL weißer Balsamico-Essig • Salz

### Zubereitung

Mangos waschen, schälen, das Fruchtfleich vom Stein schneiden und klein würfeln, mit Zitronensaft beträufeln. Stiele und Blütenansätze von den Ebereschenbeeren schneiden, Beeren waschen und abtropfen lassen. Zwiebel, Knoblauch und Ingwer schälen und alles sehr fein hacken. Chilischote putzen, längs halbieren und Kerne sowie Trennwände mit einem Messer herausschneiden. Die Schote in feine Streifen schneiden.

Zucker in eine helle Kasserolle (Stieltopf) streuen und mit 1 EL Wasser anfeuchten. Ohne Rühren erhitzen bis der Zucker geschmolzen aber nicht karamellisiert ist. Zwiebel, Knoblauch und Ingwer dazu geben, Chili und Ebereschenbeeren unterrühren und 5 Minuten schmoren lassen. Vorsichtig den Wein angießen (Spritzgefahr) und die Mangowürfel unterrühren. 5 bis 10 Minuten dünsten bis die Mangowürfel anfangen zu zerfallen.

Mit Curry, Kurkuma, Essig und Salz abschmecken und noch einmal kräftig aufkochen lassen. dann zusammen mit gebratenen Scampis und Reis servieren.

Ebereschen-Mango-Chutney zu Scampi

# Ebereschen-Karotten-Kuchen
## als „Petits Fours“

**Zutaten**

100 g Mehl • 150 g geschälte gemahlene Mandeln • 2 gehäufte TL Backpulver • 300 g Möhren • 100 g getrocknete Ebereschenbeeren • 1 TL Samen von der wilden Möhre • 4 EL Apfelsaft • 2 Eier • 100 g Zucker • 1 Prise Salz • 100 g geschmolzene Butter

Für die Garnitur: 50 g Puderzucker • 1 bis 2 EL Apfelsaft • 100 g Zartbitterkuvertüre • 1 Möhre • Ebereschenbeeren, gefroren

**Zubereitung**

Mehl, Mandeln und Backpulver mischen. Möhren schälen und fein raspeln. Wildmöhrensamen mörsern und zu den Möhren geben. Eier mit Zucker und Salz schaumig rühren. Zuerst die Möhrenmischung, dann die Mehlmischung, dann die geschmolzene Butter und zuletzt die Vogelbeeren zügig unterheben. Eine Backform buttern oder mit Backpapier auslegen, den Teig 1,5 bis 2 cm hoch einfüllen und im vorgeheizten Ofen bei 180°C (Mitte, Umluft 160°C) 25 bis 30 Minuten backen. Abkühlen lassen, aus der Form nehmen und in kleine Quadrate schneiden. Für die Zuckerglasur Puderzucker mit Apfelsaft verrühren, Kuvertüre im Wasserbad schmelzen, Möhren in feine Streifen schneiden, blanchieren und zuckern. Die Kuchenquadrate mit unterschiedlichen Garnituren verzieren und in Pralinen-Papierförmchen als „Petits Fours“ servieren.

Ebereschen-Karotten-Kuchen
als „Petits Fours"

# Ebereschen-Kränzchen

Ob klein oder groß, die Fruchtkränzchen schmücken jede Tafel mit ihrem leuchtenden, farbenfrohen Liebreiz.

Die Fruchtrispen in kleinere Büschelchen schneiden. Dann mithilfe von Dekorationsdraht die einzelnen kleinen Beerenbüschelchen dicht an dicht auf einem Drahtreifen fixieren. Zum Schluss mit einem Schmuckband umwickeln. Die aus den festen, nicht matschenden Früchtchen entstandenen Kränze können anfangs direkt auf das Tischtuch gelegt werden oder auch als Serviettenringe genutzt werden. Möchte man sie jedoch länger als Zierde einsetzen, sollte man sie auf einem Glasteller platzieren, um mögliche Fruchtflecken zu vermeiden.

**Material**

Wellendrahtring • Dekorationsdraht • Vogelbeeren-Fruchtrispen • Dekorationsband farblich passend • Schere • Drahtzange

Zum Geschmack der Eberesche hat sich im 16. Jahrhundert Hieronymus Bock folgendermaßen geäußert:

*Sie sind eines seltsamen unlustigen Geschmacks, so man deren zuviel isset, machen sie unwillen.*

Ebereschen-Kränzchen

# Ebereschen-Fruchttürmchen
## mit Namensschild

An diesen Platzanweisern haben meine Gäste noch lange Freude, so dass sich die Arbeit der Herstellung absolut lohnt.

Aus dem Steckschaum kleine Kegel schneiden. Die Beeren einzeln ohne Stielchen von den Rispen zupfen und an der Spitze des Kegels beginnend mithilfe von Stecknadeln gleichmäßig dicht an dicht aufstecken. Dann dunkelroten Aluminiumdraht drei- bis viermal um ein Glas wickeln, dessen Durchmesser etwas größer ist als der Durchmesser der Kegelstandfläche. Mit einer Zange abschneiden und vom Glas lösen. Über den beerenbesetzten Kegel stülpen und mit einer spiraligen Bewegung in die Höhe ziehen, so dass der Fruchtkegel locker mit dem Draht umwirbelt wird. Den Namen eines Gastes auf einen farbigen Papierstreifen schreiben, um das hochgebogene Drahtende legen und zusammenkleben, am Ende einen Zacken wie bei einem Fähnchen einschneiden und auf einen Porzellanunterteller stellen. Die Beeren trocknen über die Zeit ein, ohne an Farbe zu verlieren.

**Material**

Trockenblumen-Steckschaum • Stecknadeln • Beeren von der Eberesche • roter Aluminiumdraht • Glas • orangefarbenes Papier • Zange • Schere • Messer • Stift • Porzellanunterteller

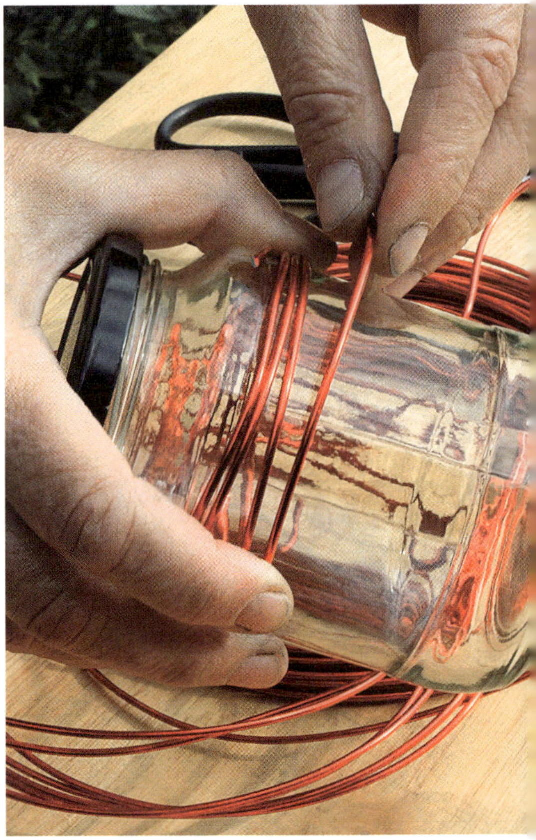

Ebereschen-Fruchttürmchen
mit Namensschild

1

2

3

4

# Schlehe

## Schlehe, Schlehdorn, Rosengewächse
***Prunus spinosa,*** *Rosaceae*

Die letzte Frucht, die aus der freien Natur in unseren Breiten geerntet werden kann, ist die Schlehe. Bis tief in den Winter hinein hängen die dunklen, blauschwarzen Beeren am bereits kahlen Geäst und können selbst dann noch geerntet werden. Wenn man Glück hat, haben sie sogar schon den ersten Frost abbekommen, so verlieren die Früchte etwas ihren herb-sauren Geschmack und müssen nicht noch extra im Gefrierfach den künstlichen Winter erleben.

### Generell

**Pflanze:** sommergrüner, reich verzweigter Strauch, bis 3 m hoch werdend, Triebe mit rechtwinklig abstehenden Dornen besetzt. **Blätter:** dunkelgrün, wechselständig, kurz gestielt, verkehrt-eiförmig, bis 5 cm lang und 2 cm breit werdend, scharf gesägter Blattrand. **Blüten:** weiß, 1,5 cm groß, von März bis April am kahlen Holz, kurz gestielt. **Früchte:** Oktober bis Dezember, kugelige, blau-schwarze Steinfrucht mit rundem Stein, stark bereift, ca. 1,5 cm groß. **Verbreitung:** fast in ganz Europa vorkommend, als Heckenpflanze, an Weg- und Waldrändern und felsigen Abhängen.

### Verwendung und Geschmack

Vom Schlehdorn oder der Schlehe werden nahezu ausschließlich die **Früchte** in der Genussküche verwendet. Ihr sauer-herber Geschmack ist nur bedingt für den Rohverzehr geeignet. Erst durchs Einfrieren oder den Frost reduziert sich der hohe Gerbstoffgehalt und die Früchte werden so mild, dass man sie dann sogar roh essen kann. Alternativ werden die stark adstringierenden Früchte durch Kochen oder das Einlegen in Salzlaken schmackhaft. Auch aufgesetzt zu Likör, Schnaps oder Wein geben sie ihr köstliches Aroma ab. Aus reifen Früchten lassen sich Marmeladen, pikante Chutneys oder Fruchtmuse herstellen, die vielfältig einsetzbar sind, oft in Kombination mit Pflaumen, Äpfeln oder Birnen. Getrocknet sind sie Bestandteile von Kräutertees, ebenso die **Blüten**, diese lassen sich bestens für Dekorationen von Speisen, gerne auch kandiert, einsetzen.

### Sammelort und Erkennungsmerkmale

Der Schlehdorn ist im Frühjahr aufgrund seines dichten, weißen, fast wolkenartigen Blütenstands am grau-schwarzen Geäst leicht an Wald-, Weg- und Wiesenrändern auszumachen. Wer sich jetzt die Stellen merkt, kann im Winter ausgiebig die Beeren ernten, wobei die Hecken sehr unterschiedlich fruchten. Viele Blüten garantieren nicht viele Beeren. Im Frühling besteht allenfalls eine Verwechslungsgefahr mit dem ungiftigen Weißdorn (*Crataegus monogyna* oder C. *oxyacantha*), dessen Blüten im Gegensatz zur Schlehe erst nach dem Laubaustrieb erscheinen und deutlich büscheliger stehen.

1 Im März, spätestens im April erblüht die Schlehe am unbelaubten Strauch. Weiße Blüten an dunkelgrau bis schwarzen Ästen, ein schöner Kontrast.

2 Jedes Jahr ist anders. Gut, wenn man mehrere Standorte der Schlehe kennt, so wird man in jedem Fall Früchte finden.

3 Die Schlehe wird nicht umsonst auch Schlehdorn genannt. Die ca. 4 cm langen Dornen sind wirklich wehrhaft. Ich pflücke sie mit dicken Handschuhen und bin in jedem Fall sehr vorsichtig.

4 Auch bei den Schlehenhecken gilt, sich im Frühjahr die auffallend weiß blühenden Heckenstandorte zu merken, damit man im Herbst ernten kann.

# Schlehen-Oliven

Ich weiß gar nicht mehr, wann ich das erste Mal Schlehen-Oliven probiert habe. Es könnte bei Jean-Marie Dumaine in Sinzig gewesen sein. Auf jeden Fall fand ich die mürben, fruchtigen aber auch salzigen Schlehen überraschend lecker. So können sich heute auch meine Gäste über diese „falschen Oliven" freuen!

### Zutaten Schlehe in Salzlake

500 g Schlehen • 1 l Wasser + 400 g Meer-Salz = gesättigte Salzlösung • 1 Nelke • 1 Lorbeerblatt • 1 Bund Thymian

### Zutaten Schlehe in Öl

Schlehen aus der Salzlake • Chili • Knoblauch • mediterrane Gewürze • Zitrusschale

### Zubereitung

Wasser mit Kräutern, Gewürzen und Salz aufkochen, bis sich das Salz gelöst hat. Schlehen waschen, in ein hohes Gefäß geben und mit dem heißen (ca. 70°C bis 80°C), aber nicht mehr kochenden Gewürzsud übergießen bis sie bedeckt sind. Das Gefäß gut verschließen (**Tipp:** Bügelverschlussgläser eignen sich sehr gut). In der ersten Woche das Gefäß schwenken, so dass die Schlehen gut von der Salzlösung benetzt sind. Schlehen mindestens fünf Monate ziehen lassen. Sie halten sich in der Salzlösung sicher bis zu einem Jahr.

Schlehen nach Bedarf in ein Sieb gießen, einen Tag wässern und einen Tag trocknen lassen. Schlehen mit Chili, Knoblauch oder mediterranen Gewürzen und Zitrusschalen in Schraubgläser geben und mit Olivenöl übergießen. Nach mindestens 4 Stunden in Öl sind die Schlehen-Oliven genussfertig. Je länger sie im Öl liegen, um so milder werden sie. Dann im Kühlschrank lagern – verschlossen sind sie bis zu einem Monat haltbar.

# Schlehen-Genuss-Essig

### Zutaten

Schlehen (auch frisch) • Kandis • weißer Balsamicoessig

### Zubereitung

Schlehen waschen, entstielen und abtropfen lassen, dann mit einer Stopfnadel löchern und ein Weithalsglas zur Hälfte füllen. Ein oder zwei Stücke Kandis dazugeben und mit weißem Balsamicoessig auffüllen. Wenigstens sechs Monate ziehen lassen, durch einen Kaffeefilter abseihen und in Flaschen füllen. Durch den hohen Anteil an Gerbstoffen kann es zu Ausflockungen kommen, was völlig natürlich ist. Also nicht entsorgen sondern noch mal abfiltern.

### Mein Tipp:

Probieren Sie den Genuss-Essig doch mal als Aperitif. Dafür einen Teelöffel Genuss-Essig im Munde zergehen lassen und den vielfältigen Aromen nachschmecken! Oder verschenken Sie diese kleinen Köstlichkeiten, natürlich mit einem schönen Etikett versehen (siehe www.blooms.de/wildpflanzenbuch-service).

Schlehen-Genuss-Essig

## Schlehen-Likör

Am liebsten genieße ich den Likör pur. Es gibt andere Rezepte mit Zimt, Vanille und Rosinen, die ebenfalls gut munden, aber den typischen Schlehengeschmack überdecken.

### Zutaten

200 g Schlehen (frisch oder gefroren) • 100 g Kandis • 700 ml Korn 32 vol.%

### Zubereitung

Schlehen waschen, trocknen und mit Kandis und Korn in eine Flasche geben. Mindestens 2 Monate ziehen lassen. Entweder abfiltern und in kleine Flaschen füllen, oder auf der Schlehe verbrauchen.
Je länger der feuerrote Likör steht, umso mehr Aromen entfalten sich – auch nach dem Abfiltern.

### Mein Tipp:

Die Likörfrüchte sammle ich in Flaschen. Wenn genug zusammen gekommen sind, stelle ich daraus eine beschwipste Wildfruchtmarmelade her. Dafür nehme ich etwa 2/3 beschwipste Früchte und 1/3 Pflaumen, Äpfel oder Birnen, sonst wird es zu alkoholisch. Dann ganz normal wie eine Marmelade kochen und in Gläser abfüllen. Lassen Sie sich überraschen, je nach den Zutaten, schmeckt jede Herstellungscharge anders.

*So viel Tag die Schleh' vor Walpurgis blüht,*
*so viel Tag der Schnitter vor Jakobi in die Ernte zieht.*

(Alte Ernte-Voraussage in Schwaben und Franken)

Schlehen-Likör

# Schlehen-Chutney

## zu Käse

Was gibt es Schöneres, als nach einem leckeren Essen den Abend mit Schlehen-Chutney und Käse bei einem Glas Rotwein ausklingen zu lassen!

### Zutaten

300 g Schlehenmus (eingefroren) • 75 g Zwiebeln • 100 g getrocknete Pflaumen • 1 EL Olivenöl • 1 TL Salz • 1 Prise Cayennepfeffer • 80 g Honig • 10 g Ingwer, frisch • 1/2 TL Kardamom • 4 EL Rotwein • 2 EL Rotweinessig

### Zubereitung

Getrocknete Pflaumen einige Stunden in Wasser aufweichen, so dass sie schön aufgehen, dann klein schneiden. Zwiebeln hacken und im Olivenöl anbraten, dann Schlehenmus und klein geschnittene Pflaumen zugeben. Auf kleiner Flamme unter gelegentlichem Rühren einkochen. Mit Salz, Cayennepfeffer, Honig, geriebenem Ingwer, Kardamom, Rotwein und Rotweinessig abschmecken. Passt gut zu Käse.

### Mein Tipp:

Für das Chutney stelle ich immer Schlehenmus auf Vorrat her. Dafür friere ich die Schlehen mehrere Wochen ein, dann koche ich sie in Apfelsaft weich und passiere sie durch ein Sieb oder durch die „Flotte Lotte“. Die Menge, die nicht direkt verbraucht wird, friere ich portionsweise ein.

Schlehen-Chutney zu Käse

# Schlehenzweige

## mit Papiersternen und Papierblättern

Den dornigen, unbelaubten und nur mit den schwarzen Beeren besetzten Schlehenzweigen verleihen Papiersterne oder Papierblättchen ein winterlich-frostiges Ambiente. Vor allem dann, wenn Transparentpapier verwendet wird. Die Sterne, nach seinem Erfinder Fröbel-Sterne genannt, werden nach Anleitung (siehe www.blooms.de/wildpflanzenbuch-service.de) hergestellt, mit einem dünnen Silberdraht versehen und an die Zweige gebunden. Die Blätter aus doppelt gelegtem Transparentpapier ausgeschnitten, werden am Stielansatz mit dem Silberdraht versehen und ebenfalls an den Zweigen befestigt. Mit Sternen und/oder Blättern geschmückte Zweige setzen als puristischer Tafelschmuck einen Gegenpol zum üppigen Weihnachtsmenü. Alternativ sind sie auch in Gefäßen ohne Wasser eingestellt ein lange haltbarer Raumschmuck in der Winterzeit.

**Material**

Beerenbesetzte Schlehenzweige • Transparentpapier • Lineal • Cutter • Schere • Silberdraht • Silberdrahtzange • Vorlage für den Fröbel-Stern und die Blätter (siehe www.blooms.de/wildpflanzenbuch-service)

Schlehenzweige
mit Papiersternen und Papierblättern

## Zweigbündel
### fürs Winterlicht

Die stark verzweigten Zweige der Schlehe lassen sich als selbststehendes Bündel sehr gut zu besonderen Kerzenhalter verwandeln. Dazu einige Zweiggabelungen so zurechtschneiden und mit Draht bündeln, so dass die Astspreizungen standhafte „Füße" bilden. Gegebenenfalls den einen oder anderen Zweig nachschneiden, damit das Bündel gerade und sicher steht. Die Drahtwicklung mit einem farblich passenden Dekorationsband kaschieren, Weihnachtsbaum-Kerzenhalter anclipsen, Baumkerze einstellen und anzünden. Mehrere solcher Zweigbündel mit Kerze geben auf einer langen Tafel einen festlichen, winterlichen Schmuck ab.

**Material**

Stark verzweigte Schlehenzweige • Bindedraht • Schmuckband • Rosenschere • Schere • Weihnachtsbaum-Kerzenhalter mit langem, verstellbarem Clip • weiße Weihnachtsbaumkerzen

*Iss die ersten drei Blüten eines Schwarzdornzweigs und bleib' das ganze Jahr vor Fieber gefeit!*
(alte Volksweisheit)

Zweigbündel fürs Winterlicht

# Geschirr und Produktnachweise

Schönes Geschirr, Gläser und Besteck machen jedes liebevoll zubereitete Essen zu einem Rundum-Genuss. Folgende Services wurden uns von der Firma Villeroy & Boch dankenswerterweise zur Verfügung gestellt. Alle nicht aufgeführten Produkte stammen aus Privatbesitz bzw. von den Firmen Kardelen, Hey-Sign oder Blu-Blumen (siehe unten rechts).

Villeroy & Boch
1748
**www.villeroy-boch.de**

## URBAN NATURE

Das gefällige, moderne Service wurde verwendet im Kapitel: Beinwell (Seite 64 bis 65), Minze (Seite 78 bis 83 und 86) und Schlehe (Seite 148 bis 153 und 157).

## NEW WAVE

Die schwungvollen Formen wurden verwendet im Kapitel: Kleiner Wiesenknopf (Seite 9 bis 19), Waldmeister (Seite 24 und 31 bis 33), Sauerampfer (Seite 36 bis 45), Fichtenspitzen (Seite 54), Kornelkirsche (Seite 121 bis 127, 131 und 133) und Eberesche (Seite 144 bis 145).

## MODERN GRACE

Die modernen, schlichten Formen wurden verwendet im Kapitel: Fichtenspitzen (Seite 49 bis 53, 58 bis 60), Beinwell (Seite 67) und Eberesche (Seite 137 bis 139 und 142).

## PLAY!

Das Besteck mit farbigen Griffen wurde verwendet im Kapitel: Sauerampfer (Seite 37 bis 45) und Essbare Blüten (Seite 92 bis 99 und 105).

## UDINE

Das zarte Edelstahl-Besteck wurde verwendet im Kapitel: Fichtenspitzen (Seite 49 bis 53 und 59 bis 60), Wiesen-Bärenklau (Seite 110 und 112 bis 115), Kornelkirsche (Seite 121, 123 bis 124, 127 und 131) und Eberesche (Seite 137 bis 139).

## COOKING ELEMENTS

Das feuerfeste Service wurde verwendet im Kapitel: Waldmeister (Seite 22 bis 29), Beinwell (Seite 65 bis 66 und 70 bis 71) und Wiesen-Bärenklau (Seite 108 bis 113).

## Anmut

Das klassisch zurückhaltende Service wurde verwendet im Kapitel: Essbare Blüten (Seite 91 bis 99 und 102 bis 105).

## AMERICAN BAR

Die schlichten Trinkgläser wurden verwendet im Kapitel: Waldmeister (Seite 25 und 32), Minze (Seite 77 bis 79 und 87), Kornelkirsche (Seite 121 und 128 bis 129) und Eberesche (Seite 137).

## COLOUR CONCEPT

Die farbigen Trinkbecher in der Farbe Olive wurden verwendet im Kapitel: Essbare Blüten (Seite 91 bis 92 und 97) und Wiesen-Bärenklau (Seite 109).

## LA DAVINA

Die Kelchgläser wurden verwendet im Kapitel: Fichtenspitzen (Seite 51 und 58 bis 59), Wiesen-Bärenklau (Seite 110 bis 113), Kornelkirsche (Seite 123 und 131), Eberesche (Seite 139) und Schlehe (Seite 153).

## ONE

Das kantige Edelstahl-Besteck wurde verwendet im Kapitel: Waldmeister (Seite 22 bis 24 und 33), Minze (Seite 78 bis 82) und Schlehe (Seite 152 und 157).

**Weitere Produkte in diesem Buch:**

Leinen-Servietten in unterschiedlichen Farben stellte uns freundlicherweise die Firma Kardelen (www.kardelen.se) zur Verfügung.

Die kräftig farbigen Filzsets stellte uns freundlicherweise die Firma Hey-Sign (www.hey-sign.de) zur Verfügung: Maigrün im Kapitel Waldmeister, Mohnrot im Kapitel Sauerampfer, Sky Blue im Kapitel Minze, Zitrone im Kapitel Essbare Blüten, Mohnrot im Kapitel Kornelkirsche, Maigrün im Kapitel Eberesche und Sky Blue im Kapitel Schlehe.

Minze-Pflanzen in einer breiten Sortimentsvielfalt können über die Gärtnerei Blu-Blumen GbR (www.Blu-Blumen.de) bezogen werden. Siehe Kapitel Minze.

## Literaturverweise


- Bissegger, Meret: Meine Wilde Pflanzenküche, AT Verlag, 2011
- Bross-Burkhardt, Brunhilde: Wildkräuter und Wildgemüse, Neuer Umschau Buchverlag, 2006
- Bühring, Ursel: Blütenküche, farbenfroh • dekorativ • lecker, Ulmer Verlag, 2012
- Dumaine, Jean-Marie: Kochen mit Wildpflanzen, AT Verlag, 2008
- Dumaine, Jean-Marie: Meine Wildpflanzenküche, AT Verlag, 2005
- Engler, Elisabeth: Kräuter- und Gewürzsalze, Compbook Verlag, 2010
- Fleischhauer, Steffen Guido: Wildpflanzensalate, AT Verlag, 2006
- Gerlach, Hans: Einmachen, GU Verlag, 2005
- Henckel, Hella: Die schönsten Dekoideen und die besten Techniken, BLOOM's by Ulmer, 2013
- Hess, Reinhardt: pilze & waldbeeren, Kosmos Verlag, 2011
- Hiener, Ralf, Olaf Schnelle, Anne Freidanck: Essbare Landschaften, Walter Hädecke Verlag, 2008
- Holterman, Dirk, Brigitte Klemme: Delikatessen am Wegesrand, Walter Rau Verlag, 1995
- Holterman, Dirk, Brigitte Klemme: Un-Kräuter zum Genießen, Walter Rau Verlag, 1996
- Kempe, Christina: Lieblings-Muffins, GU Verlag, 2004
- Marti, Oskar: Frühling in der Küche, AT Verlag, 2002
- Marti, Oskar: Sommer in der Küche, AT Verlag, 2003
- Nentwig, Celia: Wildpflanzen, köstliche Rezepte, essbare Dekorationen und Geschenkideen, BLOOM's by Ulmer, 2012
- Proebst, Margit: Pesto, GU Verlag, 2007
- Schober, Katharina, Renate Hartmann: Die gesunde Wildkräuter-Küche, blv Verlag, 2012
- Strauß, Dr. Markus: Natur & Genuss, Köstliches von Hecken und Sträuchern, Hädecke Verlag, 2011
- Wiener, Sarah: Frau am Herd, Knauer Ratgeber Verlag, 2008